Roland Tichy (Hrsg.)

Große Ökonomen und ihre Ideen

Roland Tichy (Hrsg.)

Große Ökonomen und ihre Ideen

Wie Vordenker und Außenseiter Politik und Wirtschaft
beeinflusst haben – und was wir heute
von ihnen lernen können

Bibliografische Information der Deutschen Nationalbibliothek
Die Deutsche Nationalbibliothek verzeichnet diese Publikation in der Deutschen
Nationalbibliografie; detaillierte bibliografische Daten sind im Internet über
http://dnb.d-nb.de abrufbar.

ISBN 978-3-7093-0494-5

Es wird darauf verwiesen, dass alle Angaben in diesem Werk trotz sorgfältiger Bearbeitung
ohne Gewähr erfolgen und eine Haftung der Autoren oder des Verlages ausgeschlossen ist.

Umschlag: WirtschaftsWoche und buero8
Satz: Strobl, Satz·Grafik·Design, 2620 Neunkirchen

© LINDE VERLAG WIEN Ges.m.b.H., Wien 2012
1210 Wien, Scheydgasse 24, Tel.: 01/24 630
www.lindeverlag.de
www.lindeverlag.at
Druck: Hans Jentzsch u Co. Ges.m.b.H.
1210 Wien, Scheydgasse 31
1

INHALT

VORWORT

Die globale Wirtschaft bewegt sich in einer Art rasendem Stillstand. Einerseits ein ungeheuer schneller Fortschritt – andererseits eine Wiederholung und Wiederkehr von Phänomenen, die man längst überwunden glaubte: die Finanzkrise etwa, ausgelöst von einer Geldschwemme durch die amerikanische Notenbank und global verbreitet über abenteuerliche Spekulationsmechanismen. Es sind Grundmuster, die Ludwig von Mises in den 1920er Jahren beschrieben hat, zu deren Aufarbeitung John Maynard Keynes beitrug, deren Fehlentwicklung der Ausgangspunkt für Milton Friedman war, um eine neue Schule, den Monetarismus, zu begründen. Und schließlich Dr. Doom, Robert Shiller, der bereits 2005 (drei Jahre vor der Lehman-Pleite!) vor den verheerenden Folgen einer platzenden Immobilienblase warnte. Es ist ungeheuer reizvoll und faszinierend, nachzulesen, wie sich der Zyklus von Blase und Niedergeschlagenheit wiederholt. Woran liegt es? Am Menschen und den von ihm geschaffenen Institutionen.

Dieser Band beginnt mit Adam Smith, dem großen Urerklärer, an dem sich heute noch die Gelehrten und Polemiker abarbeiten und seiner „unsichtbaren Hand des Marktes", die vieles vorhersehbar regelt. Allerdings nicht immer zum Gefallen der großen gesellschaftlichen Konstrukteure, deren wichtigster, Karl Marx, einen gewaltigen Gegenentwurf über den Verlauf der Geschichte leistet. Andere tragen pittoreske wie tiefgründige Einsichten zum menschlichen Handeln bei: Werner Sombart zeigt, wie gesellschaftliche Moden den Lauf der Ökonomie beeinflussen; die Kurtisane, der überzogene Luxuskonsum, die Emigranten und Juden mit ihrer desillusionierten Weltsicht sind die Triebkräfte, der er benennt, wortreich, bildhaft, anekdotisch und literarisch. Geradezu wie ein zu früh geschriebenes Werk liest sich die Arbeit David Ricardos. Er erforscht die Folgen einer zu hohen Staatsverschuldung, benennt Inflation als Konsequenz und beschäftigt sich mit der Verteilungsfrage, der sich öffnenden Schere von arm und reich. Bekannt ist er heute noch als liberaler Vordenker der Vorzüge des Freihandels, ein früher Verfechter der Globalisierung, die alle reich macht, weil sie sich durch den Austausch auf die Herstellung jener Dinge konzentrieren können, für die sie besonders befähigt sind. Dem widerspricht nur wenige Jahre später Friedrich List – wie viele seiner ökonomischen Vorgänger und Nachfolger eine wahrhaft bunte Persönlichkeit –, württembergischer Beamter, als Publizist zu Festungshaft verurteilt und in den USA reich geworden als Unternehmer, der die dritte Eisenbahnlinie des Kontinents mitentwickelt. Als Ökonom befasst er sich theoretisch mit Humankapital und Entwicklungsstrategien, fordert im Gegensatz zu Ricardo Schutzzölle für sich entwickelnde Industrien in Schwellenländern – wofür er in der Gegenwart in China eine Renaissance der Anerkennung erfährt.

Entwicklung! Was wäre dieses Wort vom Wachstum ohne Joseph Schumpeter, der zeigt, wie die komfortable Gegenwart nur durch die Zerstörung wirtschaftlich überholter Strukturen entstehen kann. Eine Lehre, die immer wieder neu gilt und zu beobachten ist, wenn betonierte Erfolge plötzlich zerbröseln und Verzweiflung produzieren. Er bringt einen neuen, individualpsychologischen Ansatz zu Papier, löst sich vom Gleichgewichtsdenken, zeigt wie keiner vor ihm, außer vielleicht Karl Marx, wie wirtschaftlicher Eigennutz zum brutalst wirkenden Veränderungsmotor wird. Erst sehr viel später wird Robert Solow den technischen Fortschritt noch sehr viel präziser in die Gleichungen einbauen, die künftiges Wachstum beschreiben. Solow bewegt sich längst in einer sicheren Welt, in der der Einzelne und die Marktwirtschaft wirken können. Friedrich August von Hayek dagegen hat erst noch die Freiheit verteidigen müssen gegen den entfesselten Sozialismus der Vorkriegszeit und der totalitären faschistischen Diktaturen. Seine politische Botschaft – da droht ihm das Schicksal von Milton Friedman – überlagert sein intellektuelles Gesamtwerk in den Augen einer auf Effekt ausgerichteten Politik und Publizistik, in dem er nicht weniger versucht, als ein System komplexer Ordnungen zu durchleuchten und immer wieder neu zu vermessen. Walter Eucken entwickelt den institutionellen Ordnungsrahmen, manchmal als starr missverstanden und doch eine ungeheuer pragmatische Lehre: Wird gegen sie verstoßen, sind die Folgen schädlicher als die positive Wirkung der gut gemeinten Einzelmaßnahme. Damit musste sich Paul Samuelson nicht aufhalten. Er bringt die Ökonomie auf den modernen Weg der Mathematik. In der Formel entern, Beweise führen, so klar und eindeutig, wie es Worte nicht schaffen würden, und so arm, wie es nur Zahlen tun können. Er wird als Autor eines, nein, *des* grundlegenden Lehrbuchs ganze Generationen von

Ökonomen beeinflussen. Er steht auch Pate für einen vorübergehenden Höhepunkt der Nationalökonomie, auch wenn dieser in eine andere Richtung läuft: Gerry Becker überträgt die mikroökonomische Analysetechnik auf Familie, Kriminalität, Drogenhandel. Wie ein intellektueller Konquistador erobert er andere Kontinente der Sozialwissenschaft. Robert Mundel erfindet die Reagonomics, eine aus diesem Gedankenkosmos wirkende Reformpolitik, Reinhard Selten führt das Experiment in die Nationalökonomie ein. Und dann? Die Finanzkrise beendet vorerst die liberale Phase, Neoliberalismus wird zum Kampfbegriff. Erst Amarthya Sen integriert die Morallehre wieder in die Ökonomie, die ethische Reflexion, von der aus Adam Smith ansetzte. Wieder schließt sich ein Kreis.

Und mein Lieblingsökonom? Gustav Stolper. Er hat den „Volkswirt" 1924 begründet und 1948 noch einmal, war ein Kenner seines Fachs, ein Meister der Feder und scharfsinniger Beobachter, ohne den die Volkswirtschaftslehre in Deutschland so nicht vorstellbar ist.

Roland Tichy   Juni 2012

Urvater der Ökonomie – Adam Smith

Adam Smith machte die Nationalökonomie zur eigenständigen Wissenschaft und untersuchte als Erster systematisch die wohlstandsfördernde Wirkung von Arbeitsteilung und freien Märkten. Seine zentrale Botschaft ist umstritten, aber nicht wirklich widerlegt: Triebfeder des wirtschaftlichen Fortschritts ist der Eigennutz.

W er sich mit dem Leben berühmter Ökonomen beschäftigt, stößt oft unweigerlich auf interessante Dinge aus deren Privatleben. David Ricardo, der erste Globalisierungstheoretiker, machte ein Vermögen als Börsenspekulant. John Maynard Keynes war schwul und heiratete trotzdem eine russische Balletttänzerin. Joseph Schumpeter fuhr mit Prostituierten im offenen Wagen durch Wien, wanderte nach Amerika aus und hielt Vorlesungen im Reitkostüm.

Bei Adam Smith (1723–1790), dem Urvater der Nationalökonomie und historischen Helden liberaler Ökonomen, fehlt alles Schillernde und Schrille. Der Philosoph David Hume beschrieb ihn als „wahrhaft verdienstvollen Mann, wenngleich seine sesshafte, zurückgezogene Lebensweise sein Auftreten und Erscheinungsbild als Mann von Welt getrübt hat". Der Schotte war kränklich und verklemmt, ein in sich versunkener Kauz mit merkwürdig schlängelndem Gang, der Selbstgespräche führte. Einmal soll er sinnierend im Schlafrock die Straße entlanggewandert sein. Die einzige Frau in seinem Leben war seine fromme Mutter, mit der er fast 60 Jahre unter einem Dach lebte.

Doch genau dieser Mann ist zu einem der berühmtesten Ökonomen der Geschichte geworden. Sein Hauptwerk „Der Wohlstand der Nationen" ist das Alte Testament der Nationalökonomie. Es findet sich bis heute auf den Literaturlisten von VWL-Studenten wieder. In dem fast 1000 Seiten starken Wälzer analysiert Smith die wohlstandsmehrenden Effekte von Arbeitsteilung und freien Märkten, es gibt umfangreiche Kapitel zur Preis-, Lohn- und Außenhandelstheorie ebenso wie Ausführungen zum Geldwesen, zum Kapitaleinsatz und zur Rolle des Staates.

Der Ökonom Joseph Schumpeter mäkelte zwar mehr als ein Jahrhundert später, Smiths Werk enthalte „keine einzige analytische Idee oder Methode und kein analytisches Prinzip, die im Jahre 1776 völlig neu gewesen wären". Doch sein großes Verdienst ist es, die Ökonomie zu einer eigenständigen wissenschaftlichen Disziplin entwickelt zu haben, war sie doch zuvor nur ein wenig beachtetes Anhängsel anderer Fachrichtungen. „Smith war ein großer Sammler und Jäger", sagt der Smith-Experte Heinz Kurz, Ökonomieprofessor an der Universität Graz. „Er hat das verstreute Wissen seiner Zeit systematisiert und neu kombiniert und damit eine universelle Gesellschaftswissenschaft zu entwickeln versucht."

Die Gedanken von Smith prägten Heerscharen von Wirtschaftswissenschaftlern, klassische Ökonomen wie David Ricardo und Jean-Baptiste Say ebenso wie im 20. Jahrhundert die Ordoliberalen um Walter Eucken und Friedrich August von Hayek. Karl Marx bediente sich bei den Arbeitswert- und Entfremdungsthesen des Schotten, der schon früh die Gefahr der „Entseelung" der Arbeit durch – prinzipiell segensreiche – Spezialisierung erkannte.

Das gesamte Gedankengebäude von Smith ist ein ökonomischer Reflex auf das Zeitalter der Aufklärung. Als Smith Mitte des 18. Jahrhunderts mit seinen ökonomischen Studien beginnt, ist die Welt wirtschaftlich und politisch im Wandel. Die einsetzende industrielle Revolution macht die zuvor agrardominierte Wirtschaft immer komplexer; drängende Preis-, Lohn- und Verteilungsfragen und neue Phänomene wie Arbeitsteilung, Massenproduktion und ein wachsender Finanzsektor lassen sich mit dem damals vorhandenen wissenschaftlichen Instrumentarium nur noch unzureichend erklären.

Gleichzeitig emanzipiert sich ein immer selbstbewussteres und nach individueller Freiheit gierendes Bürgertum von König, Adel und Klerus. Dem absolutistischen Staat setzt Smith das selbstbestimmte (und eigennützige) Individuum gegenüber, dem Protektionismus den Freihandel – und der staatlichen Regulierung den freien (aber vom Staat abgesicherten) Wettbewerb.

Smith bricht mit der damals herrschenden dirigistischen Wirtschaftsform des Merkantilismus, bei der die Staaten durch hohe Zollmauern und Exportsubventionen versuchten, Handelsbilanzüberschüsse anzuhäufen. Sein Credo: Bei vollständiger Konkurrenz und einem freien Spiel der Kräfte entsteht über den Preismechanismus, wie von „unsichtbarer Hand" gelenkt, nicht nur maximaler Wohlstand in einem Land, sondern auch zwingend ein Gleichgewicht auf den Märkten. Die Wirtschaft betrachtet Smith mithin als selbstregulierenden Mechanismus.

An dieser zentralen These, die Marktversagen und stabile Ungleichgewichte auf lange Sicht ausschließt, sofern die Rahmenbedingungen stimmen, haben sich Generationen von Ökonomen abgearbeitet. „Die unsichtbare Hand ist unsichtbar, weil es sie nicht gibt", mäkelte der US-Ökonom und Nobelpreisträger Joseph Stieglitz. Kritiker monieren zu Recht, dass Smith das Phänomen der Arbeitslosigkeit komplett ignorierte. Die nämlich kann es in der Smith'schen Gedankenwelt nicht dauerhaft geben – weil bei sinkender Arbeitskräftenachfrage über sinkende Löhne am Ende wieder Vollbeschäftigung erreicht wird.

Gleichwohl sind viele Analysen des Schotten immer noch von großer Relevanz. Zur Rolle des Staates etwa schrieb er einen Satz, der auch heute in jedem finanzpolitischen Leitartikel Platz finden könnte: „Keine Kunst lernt eine Regierung schneller als die, Geld aus den Taschen der Leute zu ziehen." Auch wenn der Ökonom Subventionen und Interventionismus ablehnte, so war er weder der seelenlose Marktradikale noch der rigorose Staatsverächter, zu dem ihn viele Interpreten posthum machten.

„Der Glaube, dass er den Staat als Ordnungsmacht und gestaltende Instanz ablehnte, ist völliger Unfug", sagt der Grazer Smith-Experte Kurz; Smith habe in seinen Schriften gleich 26 Gründe aufgeführt, wann und wo der Staat tätig werden müsse. Kurz: „Zwar soll sich der Staat abgesehen vom Setzen einer Wirtschaftsordnung weitgehend aus dem Wirtschaftsleben heraushalten – sehr wohl aber zum Beispiel für innere und äußere Sicherheit, eine funktionierende Justiz, Verkehrs- und Kommunikationsinfrastruktur und eine schulische Bildung der Menschen sorgen."

Smith argumentierte stets individualistisch. Die Triebfeder des gesellschaftlichen Wohlstands ist für ihn der Eigennutz – auch das macht ihn bei Gutmenschen bis heute verdächtig. „Es ist nicht die Wohltätigkeit des Metzgers, des Brauers oder des Bäckers, die uns unser Abendessen erwarten lässt, sondern dass sie nach ihrem eigenen Vorteil trachten", schreibt er. „Jeder glaubt nur sein eigenes Interesse im Auge zu haben, tatsächlich aber erfährt so auch das Gesamtwohl der Volkswirtschaft die beste Förderung." Was VWL-Lehrbücher heute als optimale Ressourcenallokation bezeichnen, brachte Smith vor über 230 Jahren auf diesen einfachen Nenner: Da „der Zweck jeder Kapitalanlage die Gewinnerzielung ist, so wenden sich die Kapitalien den rentabelsten Anlagen zu, das heißt denjenigen, in denen die höchsten Gewinne erzielt werden. Indirekt wird aber auf diese Weise auch die Produktivität der Volkswirtschaft am besten gefördert."

Smith erkannte dabei als Erster die ungeheuren Produktivitätsgewinne durch Arbeitsteilung. „Die Arbeitsteilung dürfte die produktiven Kräfte der

Arbeit mehr als alles andere fördern und verbessern", schreibt er. In seinem berühmt gewordenen Stecknadelbeispiel weist er nach, dass für die Herstellung einer einzigen Nadel bis zu 18 Arbeitsgänge notwendig sind. Wenn sich daher jeder Arbeiter in der Produktion auf einen Arbeitsschritt spezialisiere, steige der Output um ein Vielfaches. „Der eine Arbeiter zieht den Draht, der andere streckt ihn, ein dritter schneidet ihn, ein vierter spitzt ihn zu, ein fünfter schleift das obere Ende, damit der Kopf aufgesetzt werden kann."

Smith war aber durchaus bewusst, was die Zersplitterung des Arbeitsprozesses bedeuten kann, und warnte, dass der Arbeiter „verlernt, seinen Verstand zu gebrauchen, und so stumpfsinnig und einfältig wird, wie es ein menschliches Wesen nur eben werden kann".

Makroökonomisch legte Smith den Grundstein für eine Debatte, die bis heute nicht abgeschlossen ist: Nützt oder schadet eine hohe Ersparnis dem Wachstum? Für Smith war die Antwort eindeutig: Sparen ist eine Tugend! Denn nur das Sparen ermöglicht für Smith volkswirtschaftliche Kapitalakkumulation und Investitionen; damit sei die Ersparnis der Wirtschaftssubjekte eine grundlegende Bedingung für Wachstum und Beschäftigung. John Maynard Keynes, der Mitte des 20. Jahrhunderts die ökonomische Gegenbewegung zur (Neo-)Klassik einläutete, sah das völlig anders: Bei ihm führt eine steigende Ersparnis zu sinkendem Konsum; als Folge fahren die Unternehmen ihre Produktion zurück. Das Wachstum sinkt, Jobs gehen verloren.

Adam Smith wird 1723 in Kirkcaldy geboren, einem 1500-Seelen-Nest an der schottischen Ostküste. Sein Vater, ein Zollbeamter, stirbt kurz vor Adams Geburt. Schon als Schüler fällt Smith auf, der Junge hat eine feine Beobachtungsgabe, ein phänomenales Gedächtnis und eine Vorliebe für Bücher. Schon mit 14 Jahren beginnt er ein Studium an der Universität Glasgow. Dort prägt ihn vor allem der Moralphilosoph Francis Hutcheson, ein früher Aufklärer und brillanter Redner, der als erster Wissenschaftler in Glasgow anstatt auf Latein auf Englisch doziert (was Smith ihm später nachmachen wird).

Dank guter Leistungen bekommt der junge Smith 1740 ein Stipendium für ein weiterführendes Studium. Er geht nach Oxford, studiert dort sechs Jahre Philosophie und beschäftigt sich mit griechischer Literatur. Wohl fühlt er sich in Oxford mit den dortigen strengen Konventionen nicht; einmal erhält er einen strengen Verweis, als er ein zu „fortschrittliches" Buch liest. 1746 kehrt Smith in sein Heimatdorf zurück und versucht ohne Erfolg, als Privatlehrer Fuß zu fassen.

1748 erhält er die Möglichkeit, in Edinburgh verschiedene Vorlesungen zu halten. Obwohl die Vorträge nicht zum offiziellen Lehrprogramm gehören, kommen die Studenten bald in Scharen, um seinen Ausführungen über englische Literatur, Rhetorik, Philosophie und ökonomische Fragen zu lauschen. In dieser Zeit entwickelt sich auch eine Freundschaft mit dem Philosophen David Hume, der für Smith auch zur wichtigsten wissenschaftlichen Bezugsperson wird.

1750 erhält der populär gewordene Smith eine Professur für Logik an der Universität Glasgow, ein Jahr später wechselt er auf den besser bezahlten Lehrstuhl für Moralphilosophie. Seine Vorlesungen zu Ethik und politischer Ökonomie kommen an. Schnell verbreitet sich sein Ruf als scharfsinniger Intellektueller; sogar aus Russland sollen Studenten angereist sein, um ihn zu hören.

1759 veröffentlicht er sein erstes großes Werk: Die „Theorie der ethischen Gefühle", die er im Laufe der Jahre mehrfach ergänzt und erweitert. Smith sieht die menschliche Empathie als Korrektiv zu Eigennutz und Egoismus, also jenen Eigenschaften, die in seinen späteren ökonomischen Schriften eine so zentrale Rolle einnehmen. Er schreibt: „Mag man den Menschen für noch so egoistisch halten, es liegen doch offenbar gewisse Prinzipien in seiner Natur, die ihn dazu bestimmen, an dem Schicksal anderer Anteil zu nehmen, und die ihm selbst die Glückseligkeit dieser anderen zum Bedürfnis machen, obgleich er keinen anderen Vorteil daraus zieht, als das Vergnügen, Zeuge davon zu sein."

Für Smith ist auch ein eigennütziges Wesen wie der Mensch zur moralischen Urteilsbildung fähig. Er entwirft das Konstrukt eines „unparteiischen Beobachters", dessen Rolle die Menschen intuitiv einnehmen, um eigene oder fremde Handlungen ethisch bewerten zu können. Nicht alle Ökonomen hat das freilich überzeugt. Mit Blick auf das divergierende moralphilosophische und ökonomische Welt- und Menschenbild des Schotten ist noch heute in der Literatur vom „Smith-Paradoxon" die Rede.

1764 gibt Adam Smith seinen Professorenjob überraschend auf und wird Tutor des jungen Herzogs von Buccleugh, den er alsbald auf eine fast dreijährige Reise durch Frankreich und die Schweiz begleitet. Die Bezahlung ist für damalige Verhältnisse enorm, und da es obendrein eine lebenslange Rente von 300 Pfund Sterling jährlich gibt, hat Smith fortan finanziell ausgesorgt.

In Frankreich lernt er den Philosophen Voltaire kennen und François Quesnay, den führenden Kopf der sogenannten Physiokraten. Quesnay ist kein Geisteswissenschaftler, sondern Chirurg und Leibarzt von Ludwig XV. Das hält ihn indes nicht von ökonomischen Studien ab. Quesnay, inspiriert von der menschlichen Blutzirkulation, entwickelt mit seinem „Tableau Économique" das erste Modell eines makroökonomischen Wirtschaftskreislaufs und formuliert das ökonomische Laissez-faire-Prinzip, wonach die Wirtschaft allein dem freien Spiel der Kräfte unterliegen soll.

Beide Ideen faszinieren Smith. 1767 kehrt er in sein Heimatdorf zurück und verbringt volle neun Jahre mit den Arbeiten an seinem Hauptwerk, dem „Wohlstand der Nationen". Das Buch erscheint am 9. März 1776 und wird ein großer Erfolg, die erste Auflage ist nach sechs Monaten vergriffen. Smith bezieht in Edinburgh ein Haus mit Mutter, Cousine und einer großen Bibliothek mit mehr als 3000 Bänden. Er beginnt mit einer Überarbeitung seiner „Theorie der ethischen Gefühle". Und er nimmt einen neuen Job an, der so gar nicht zu seinem Freihandelspostulat passen will. Smith wird im Jahr 1778 schottischer Zollkommissar – und soll beim Kampf gegen Schmuggler in den Folgejahren durchaus erfolgreich die Staatseinnahmen gemehrt haben.

Doch die Arbeit macht ihm zunehmend zu schaffen; Smith wird schwer krank. Kurz vor seinem Tod am 17. Juli 1790 lässt er alle unvollendeten Werke, vor allem rechtsphilosophische und literaturgeschichtliche Schriften, von zwei Freuden verbrennen – insgesamt verschwinden an die 16 Bände in den Flammen.

In Vergessenheit geriet er nach seinem Tod nie. Vor allem im angelsächsischen Raum ist Smith heute präsenter denn je. Die National Association for Business Economics in Washington vergibt alljährlich einen Adam-Smith-Preis (jüngster Preisträger: der Harvard-Ökonom Kenneth Rogoff). Das

Adam Smith Institute, ein libertärer Thinktank in London, ließ 2008 gar ein bronzenes Denkmal in der Innenstadt von Edinburgh errichten – passenderweise ohne jede staatliche Subvention. Den Engländern erscheint der Ökonom mittlerweile fast jeden Tag – beim Einkaufen. Seit 2007 ziert sein Konterfei die 20-Pfund-Noten der Bank of England.

● ●

ZITATE

„Es ist nicht die Wohltätigkeit des Metzgers, des Brauers oder des Bäckers, die uns unser Abendessen erwarten lässt, sondern dass sie nach ihrem eigenen Vorteil trachten."

„Wer sein eigenes Interesse verfolgt, befördert das der Gesamtgesellschaft häufig wirkungsvoller, als wenn er wirklich beabsichtigt, es zu fördern. Ich habe nie erlebt, dass viel Gutes von denen erreicht wurde, die vorgaben, für das öffentliche Wohl zu handeln."

„Keine Kunst lernt eine Regierung schneller als die, Geld aus den Taschen der Leute zu ziehen."

„Die Strafe der reichen Leute besteht darin, dass sie mit reichen Leuten verkehren müssen."

„Ein Mensch, der kein Eigentum erwerben darf, kann kein anderes Interesse haben, als so viel wie möglich zu essen und so wenig wie möglich zu arbeiten."

● ●

Literatur

Adam Smith: **Der Wohlstand der Nationen** (dtv). Das 1776 erschienene Werk ist der Klassiker der ökonomischen Literatur und die erste systematische Aufarbeitung und Bündelung ökonomischen Wissens. Dass Smiths Analyse über Wachstum, Preise, Arbeitsteilung und Staatstätigkeit auch mehr als 230 Jahre später noch ihre Leser findet, liegt nicht nur an ihrer dogmengeschichtlichen Relevanz: Das Buch ist anschaulich geschrieben und kommt noch völlig ohne mathematische Formeln aus.

Adam Smith: **Theorie der ethischen Gefühle** (Meiner Felix Verlag). Mit dem mehrfach überarbeiteten Werk setzt Smith einen Kontrapunkt zu seiner ökonomischen These, dass Eigennutz die Triebfeder des Wohlstands ist. Smith zeichnet in seiner Moralphilosophie ein positives Menschenbild, bei dem sich die Individuen auch von Mitgefühl und Sympathie leiten lassen.

Heinz Kurz (Hrsg.): **Klassiker des ökonomischen Denkens**, Band 1 (Beck). Das Buch beschreibt die zentralen Ideen einflussreicher Ökonomen bis zum Beginn des 20. Jahrhunderts, darunter neben Smith auch Ricardo, Malthus, Marx und Menger. Anspruchsvoll aufbereitet, trocken geschrieben. Für Leser mit ökonomischen Vorkenntnissen.

Der Freihändler – David Ricardo

David Ricardo erforschte die Verteilungskonflikte im kapitalistischen Wirtschaftssystem, stritt für den freien Handel und geißelte die Schuldenpolitik des Staates. Die Lehren des britischen Ökonomen sind heute aktueller denn je.

As am späten Abend des 18. Juni 1815 der letzte Kanonendonner über dem Schlachtfeld von Waterloo verhallte, war klar, dass die alliierten Truppen der Briten und Preußen die Armee des französischen Kaisers Napoleon Bonaparte besiegt hatten – das erste französische Kaiserreich ging zu Ende.

In England brach daraufhin großer Jubel aus, und ein Engländer triumphierte ganz besonders. Der Wertpapierhändler David Ricardo hatte an der Londoner Börse kurz vor der Schlacht in großem Umfang britische Staatsanleihen gekauft und fast sein gesamtes Vermögen auf einen Sieg der Briten gesetzt. Als die Nachricht von der Niederlage Napoleons London erreichte, setzten die britischen Staatsanleihen zum Höhenflug an. Ricardo wurde mit einem Schlag zu einem der reichsten Männer des Landes. Der plötzliche Wohlstand erlaubte es dem „Günstling des Glücks" (Ricardo über sich selbst), sich auf seinen Landsitz Gatcombe Park in Gloucestershire zurückzuziehen und seiner wahren Leidenschaft zu frönen: der politischen Ökonomie.

Zwei Jahre später, 1817, veröffentlichte Ricardo sein wissenschaftliches Hauptwerk „On the Principles of Political Economy and Taxation". Darin analysierte der ökonomische Autodidakt, der nie eine Universität besucht hatte, die Verteilungskonflikte im heraufziehenden Industriezeitalter und bewies, dass freier Handel den Wohlstand der Nationen erhöht.

Als David Ricardo am 18. April 1772 in London zur Welt kam, war sein Vater, ein erfolgreicher Börsenmakler, mit seiner Familie gerade aus Amsterdam nach London übergesiedelt. Nach dem Besuch der Grundschule schickten ihn seine Eltern zu Verwandten nach Amsterdam, wo er bis zum 13. Lebensjahr das Gymnasium besuchte. Nach der Rückkehr in die britische Hauptstadt trat er mit 14 Jahren in die Maklerfirma seines Vaters ein. Rasch fiel er durch seine überdurchschnittlichen Fähigkeiten in Mathematik auf und – wie einer seiner Brüder bemerkte – durch „den Gefallen an abstrakter und allgemeiner Argumentation".

Mit 21 Jahren heiratete Ricardo die Arzttochter Priscilla Ann Wilkinson, eine Quäkerin. Für seine Eltern, strenggläubige Juden, war das eine Todsünde. Als sein Vater ihn deshalb enterbte und mit ihm brach, war Ricardo auf sich allein gestellt. Er nahm bei Bekannten einen Kredit auf und machte sich als Börsenmakler selbstständig – bis eben zu jener denkwürdigen Schlacht von Waterloo.

Zur ökonomischen Theorie kam der Mann der Praxis im Jahr 1799, als er sich mit seiner maladen Frau im südenglischen Kurort Bath aufhielt. Aus Langeweile besuchte er die örtliche Bibliothek, wo ihm das Buch „Der Wohlstand der Nationen" von Adam Smith in die Hände fiel. Die Analysen des schottischen Ökonomen fesselten Ricardo so sehr, dass er sich in den Folgejahren intensiver mit der Ökonomie auseinandersetzte.

Seine ersten Gedanken über ökonomische Zusammenhänge brachte er 1810 in Form von Briefen zu Papier. Das Thema: die Inflation. In Großbritannien herrschte damals der Goldstandard, die umlaufenden Geldscheine waren durch Gold gedeckt. Doch der Preis für Gold, ausgedrückt in Papiergeld, nahm dramatisch zu. Die Mehrheit der Briten führte dies auf die Kontinentalsperre zurück, die Napoleon gegen Großbritannien verhängt hatte. Ricardo jedoch argumentierte, der steigende Goldpreis sei dadurch begründet, dass die Bank von England zu viel Papiergeld drucke.

Der Herausgeber der Zeitung „Morning Chronicle", dem Ricardo die Briefe zeigte, überredete ihn, diese in seiner Zeitung zu veröffentlichen. Das Leserecho war überwältigend und bewirkte, dass Ricardos Thesen im britischen Parlament debattiert wurden. Seither gilt Ricardo als Mitbegründer der Quantitätstheorie des Geldes, deren Kernaussage darin besteht, dass die Preise steigen, wenn die Geldmenge stärker wächst als die reale Güterproduktion.

Der hohe Bekanntheitsgrad, den Ricardo durch die von ihm entfachte Diskussion erlangte, verschaffte ihm Kontakte zu großen Denkern seiner Zeit, vor allem dem Sozialphilosophen James Mill. Mill drängte Ricardo, seine Gedanken über ökonomische Zusammenhänge in einem größeren Werk zu Papier zu bringen. „Sie sind schon jetzt der größte Denker der politischen Ökonomie, und ich bin überzeugt, dass Sie auch der beste Autor werden", schrieb Mill seinem Freund und spornte ihn so zu intellektuellen Höchstleistungen an. Das Ergebnis waren die 1817 erschienenen „Principles", ein nach heutigen Maßstäben absoluter Bestseller. Das Buch war nach wenigen Wochen ausverkauft, machte den ökonomischen Diskurs im gebildeten Bürgertum populär und wurde in mehrere Sprachen übersetzt. Dass Ricardo seine abstrakten Gedanken in einer ebenso abstrakten Formelsprache transportierte, die ihn selbst fürchten ließ, das Werk hätten allenfalls 25 Menschen begriffen, tat dem Erfolg des Buches keinen Abbruch.

Die damaligen polit-ökonomischen Verhältnisse beim Übergang ins Industriezeitalter waren durch schwankende Ernteerträge, eine wachsende Bevölkerung und Handelsprotektionismus geprägt. Vor diesem Hintergrund widmete sich Ricardo in den „Principles" der Frage, nach welchen Gesetzmäßigkeiten das Einkommen auf die drei Klassen der Gesellschaft – Grundbesitzer, Kapitaleigner und Arbeiter – entfällt. Ausgangspunkt seiner Analyse ist die Feststellung, dass der Lohn der Arbeiter faktisch von den Lebensmittelpreisen bestimmt wird. Der Lohn richte sich nach dem „Preis, der nötig ist, die Arbeiter instand zu setzen, sich zu erhalten und ihr Geschlecht fortzupflanzen".

Wächst die Bevölkerung, werden mehr Nahrungsmittel benötigt. Das macht es erforderlich, auch die weniger fruchtbaren Ackerböden zu bewirtschaften. Dies treibt die Kosten des Nahrungsmittelanbaus und damit die Preise für Lebensmittel in die Höhe. Davon profitieren aber nur die Grundbesitzer, denn sie können jetzt von den Pächtern fruchtbarer Böden höhere Pachten verlangen.

Die Pacht kann so lange steigen, bis die Kosten für die Bewirtschaftung der fruchtbaren Böden ebenso hoch sind wie die Bewirtschaftungskosten der weniger fruchtbaren Böden. Je mehr ungünstige Böden kultiviert werden müssen und je höher dadurch die Nahrungsmittelpreise steigen, desto höher fällt die Pacht für fruchtbare Böden (Differentialrente) aus, die die Grundbesitzer verlangen. Sie sind die Gewinner der wachsenden Wirtschaft.

Hingegen stagnieren die Realeinkommen der Arbeiter, da ihre Löhne nur in dem Maße steigen wie die Nahrungsmittelpreise. Die großen Verlierer sind die Kapitalbesitzer, also die Unternehmer. Deren Gewinne werden von steigenden Lohnkosten aufgefressen. „Je größer der Anteil des Arbeitsergebnisses, der an die Arbeiter gegeben wird, desto kleiner ist die Profitrate, und umgekehrt", konstatiert Ricardo. Sinkt die Profitrate, die der Brite als das Verhältnis der Gewinnspanne zu den Produktionskosten definiert, so schwindet der Anreiz, in neues Kapital zu investieren – und das Wachstum der Wirtschaft lässt nach.

Ricardos Verteilungstheorie, die durch den Interessengegensatz zwischen Grundeigentümern, Arbeitern und Kapitaleignern geprägt ist, rüttelt an den Harmonievorstellungen der klassischen Ökonomie, die davon ausging, dass alle Klassen der Gesellschaft vom steigenden Reichtum profitieren. Karl

Marx, der sich in seinem eigenen Werk intensiv mit den Lehren Ricardos auseinandersetzte, sah in dessen Erkenntnissen denn auch eine „Angriffswaffe wider die bürgerliche Wirtschaft".

Allerdings lag es Ricardo fern, den Kapitalismus zu kritisieren oder gar dessen Abschaffung zu fordern. Im Gegenteil. Er sah in ihm – ganz in der klassischen Tradition – die beste Wirtschaftsform, um den Wohlstand der Menschen insgesamt zu mehren, auch wenn einige Klassen mehr profitierten als andere. Die verteilungspolitischen Überlegungen Ricardos könnten in den nächsten Jahren wieder an Aktualität gewinnen, da die Böden zum Anbau von Nahrungsmitteln für eine wachsende Weltbevölkerung immer knapper werden.

Wie groß die Vorteile sind, die das freie Spiel der Marktkräfte entfaltet, zeigte Ricardo in seiner Untersuchung des Außenhandels. Seine Theorie des komparativen Vorteils hat Eingang in alle Lehrbücher der Handelstheorie gefunden. Das Grundprinzip ist allerdings nicht so leicht verständlich. Der Nobelpreisträger Paul Samuelson bezeichnete es als ein Theorem, das selbst intelligenten Menschen nicht immer auf Anhieb einleuchtet.

Im Kern besagt die Theorie, dass ein Land auch dann erfolgreich am internationalen Handel teilnehmen kann, wenn es bei allen Produkten Kostennachteile gegenüber anderen Ländern hat. Umgekehrt lohnt es sich auch für Länder, die alle Produkte billiger herstellen können als andere, Handel mit den weniger wettbewerbsfähigen Ländern aufzunehmen und sich zu spezialisieren.

Ricardo erklärt seine Überlegungen am Beispiel des Handels mit Wein und Tuch zwischen Portugal und England. Angenommen, zwischen beiden Ländern gibt es keine Arbeitsteilung und keinen Handel. Dann stellen beide Länder beide Produkte her. England benötigt für die Produktion von 1000 Rollen Tuch 100 Arbeiter und für die Herstellung von 1000 Fässern Wein 120 Arbeiter. Portugal dagegen kommt mit 90 Arbeitern für 1000 Rollen Tuch und 80 Arbeitern für 1000 Fässer Wein aus. Insgesamt produzieren beide Länder zusammen 2000 Rollen Tuch und 2000 Fässer Wein.

Obwohl die Portugiesen bei Wein und Tuch jeweils einen absoluten Kostenvorteil (weniger benötigte Arbeitskräfte) haben, lohnt es sich für sie, sich auf die Produktion von Wein zu spezialisieren und den Briten die Herstellung von Tuch zu überlassen, das sie dann von dort importieren. Der Grund: Die Arbeitskräfte können in der portugiesischen Weinproduktion produktiver (kostengünstiger) eingesetzt werden als in der Tuchproduktion. Umgekehrt benötigt England für die Tuchproduktion weniger Arbeiter (100) als für die Weinproduktion (120).

Wenn sich Portugal auf seine komparativen Vorteile beim Wein konzentriert und die Tuchproduktion aufgibt, können die 90 Arbeiter aus der Tuchproduktion ins Weinsegment wechseln. Sind sie dort ebenso produktiv wie die schon eingesetzten Arbeiter, die pro Kopf 12,5 Fässer produzieren (1000 Fässer geteilt durch 80 Arbeiter), so können sie 1125 Fässer Wein zusätzlich produzieren. Insgesamt stellt Portugal dadurch 2125 Fässer Wein her, 125 mehr als beide Länder zuvor zusammen erzeugt haben. In England dagegen werden die aus der Weinproduktion ausscheidenden 120 Arbeiter in der Tuchproduktion eingesetzt. Bei gleicher Produktivität wie die dort schon arbeitenden Beschäftigten, die 10 Rollen je Kopf erzeugen (1000 Rollen geteilt durch 100 Arbeiter) können sie 1200 Rollen Tuch zusätzlich herstellen. England produziert somit 2200 Rollen Tuch, 200 mehr als beide Länder zuvor zusammen.

Indem sich jedes Land auf das Gut spezialisiert, das es relativ zu anderen Gütern im eigenen Land kostengünstiger herstellen kann, lenkt es seine Arbeitskräfte in die produktivste Verwendung. Der Handel mit dem anderen Land sichert dann die Versorgung mit dem selbst nicht mehr produzierten Gut. Auf diese Weise können auch Länder an der internationalen Arbeitsteilung teilnehmen, die in der Produktion aller Güter absolute Kostennachteile gegenüber anderen Ländern haben. Handel ist kein Nullsummenspiel, bei dem die einen gewinnen, was die anderen verlieren – sondern schafft eine Win-win-Situation. Allerdings setzt das voraus, dass Arbeitskräfte, die in der Branche mit komparativen Nachteilen entlassen werden, sofort einen Job in dem Sektor mit komparativen Vorteilen finden und dort ebenso produktiv sind wie die vorhandenen Arbeiter.

Neben dem Handel lässt sich Ricardos Theorie auf alle Formen der Arbeitsteilung im sozialen und wirtschaftlichen Gefüge der Gesellschaft anwenden. So wäre es beispielsweise unsinnig, wenn ein hochbezahlter Manager, der sowohl schneller schreiben als auch rechnen kann als seine Sekretärin, diese nach Hause schickt und beide Arbeiten selbst erledigt. Sinnvoller ist es, er konzentriert sich auf diejenige Arbeit, bei der sein komparativer Vorteil am größten ist, etwa das Rechnen, und überlässt seiner Sekretärin das Schreiben von Briefen. Am Ende des Arbeitstages haben beide zusammen mehr erledigt, als wenn der Chef alles allein gemacht hätte.

Ricardo war nicht nur ein Verfechter freier Märkte, er war auch ein Gegner staatlicher Schulden, in denen er „eine der schrecklichsten Geißeln, die jemals zur Plage einer Nation erfunden wurden", sah. Daher forderte er, den durch die Kriege angehäuften Schuldenberg Englands durch eine einmalige Vermögensabgabe rasch zu tilgen. Die Steuer würde das Vermögen der Bürger nicht verringern, da diese ohnehin in Zukunft höhere Steuern an den Staat entrichten müssten, um dessen Schuldendienst zu finanzieren. Die einmalige Abgabe entspräche dem Barwert der in Zukunft auf die Bürger ohnehin zukommenden Last. Der Gedanke, dass die „Defizite von heute die Steuern von morgen sind", ist als Äquivalenztheorem in die wirtschaftswissenschaftliche Literatur eingegangen.

Der US-Ökonom Robert Barro griff diesen Gedanken 1974 wieder auf und entwickelte daraus die Barro-Ricardo-Äquivalenzproposition. Der Grundgedanke: Bei rationaler Erwartungsbildung erkennen die Bürger, dass eine schuldenfinanzierte Steuersenkung zu höheren Steuern in der Zukunft führt und ihr Lebenseinkommen nicht steigert. Da der Konsum vom Lebenseinkommen bestimmt wird, halten sie ihre Ausgaben konstant und stecken das zusätzliche Einkommen in die Ersparnisse. Kreditfinanzierte Steuersenkungen laufen daher konjunkturell ins Leere. Analog gilt für kreditfinanzierte Ausgabenprogramme des Staates, dass die Bürger daraufhin für die Zukunft steigende Steuern erwarten. Das schmälert ihr Lebenseinkommen und verringert so den aktuellen Konsum. Die nachfrageanregende Wirkung zusätzlicher Staatsausgaben wird konterkariert. Ricardianisch argumentierende Ökonomen stehen daher auf Kriegsfuß mit den Lehren des britischen Ökonomen John Maynard Keynes, der Schulden als Instrument zur Glättung von Konjunkturzyklen ansah.

David Ricardo starb am 11. September 1823 im Alter von 51 Jahren an den Folgen einer Mittelohrentzündung. Mit ihm endete das Zeitalter der klassischen Nationalökonomie.

ZITATE

„Die Staatsverschuldung ist eine der schrecklichsten Geißeln, die jemals zur Plage einer Nation erfunden wurden."

„Die Defizite von heute sind die Steuern von morgen."

„Unter dem System von vollständig freiem Handel widmet natürlicherweise jedes Land sein Kapital und seine Arbeit solchen Verwendungen, die jedem am segensreichsten sind."

Literatur

David Ricardo: **On the Principles of Political Economy and Taxation**. In seinem wissenschaftlichen Hauptwerk von 1817 entwickelte Ricardo seine Verteilungstheorie und die Theorie komparativer Vorteile.

Piero Sraffa: **The Works and the Correspondence of David Ricardo**, elf Bände. Die Ricardo-Edition des italienischen Ökonomen Piero Sraffa, die zwischen 1951 und 1973 erschien, bietet eine Neuformulierung und Wiederbelebung der Gedanken Ricardos sowie eine Einordnung in den gesamten Kontext der klassischen Ökonomie. Sie wurde 1961 preisgekrönt.

Paul-Heinz Kösters: **Ökonomen verändern die Welt**. Das 336 Seiten starke, verständlich geschriebene Buch, das in einer Auflage von 1999 vorliegt, bietet einen guten Überblick über Leben und Werk bedeutender Ökonomen, darunter auch David Ricardo. Es ist als Einsteigerlektüre zu empfehlen.

Große Ökonomen und ihre Ideen

Liberaler Interventionist – Friedrich List

Friedrich List ist der gedankliche Vater des Protektionismus. In Deutschland gilt sein Werk deshalb als historisch überholt. Dabei bietet es theoretisches Rüstzeug dafür, wie der Staat die Wirtschaftsentwicklung fördern kann – und wann er lieber die Hände davon lassen sollte. Kein Wunder, dass er sich in vielen Schwellenländern großer Popularität erfreut.

Es hat die Menschheit schon viele Krisen gekostet, um herauszufinden, welche ökonomischen Theorien in der Praxis als Handlungsempfehlung taugen und welche nicht. Friedrich List hat diese Überprüfung gleich selbst übernommen. „Das beste Werk, das man über Ökonomie lesen kann, ist das Leben", resümiert er 1841, kurz vor seinem Tod. Zumindest wenn man es so lebt wie List, bleibt hinzuzufügen.

1828 zum Beispiel ist es die Idee des Eisenbahnbaus, die ihn erst theoretisch und dann praktisch in Wallung versetzt. Seit drei Jahren lebt er in den USA. Als Herausgeber des „Readinger Adlers", einer Zeitung für deutsche Auswanderer, hat er sich einen gewissen Namen gemacht. Zunächst doziert er in Leitartikeln über die Entwicklungskraft, die im Eisenbahnbau schlummere. Schon früher, noch als Abgeordneter in Württemberg, hatte er für Investitionen in die Eisenbahn getrommelt. Doch zu Hause wollte sich niemand für seine Pläne begeistern. So macht er es eben ganz amerikanisch, nämlich selbst. Gemeinsam mit einem Konsortium von Unternehmern baut er eine Bahnstrecke von einer Kohle-Abbauregion in Pennsylvania zum nahen Schuylkill-Fluss, von wo aus die Waren per Schiff weitertransportiert werden können. Es ist die dritte Eisenbahnlinie der USA, sie wird zum entscheidenden Wettbewerbsvorteil der Region – und List innerhalb kürzester Zeit zum reichen Mann.

Episoden wie diese gibt es reihenweise in Lists Leben. Friedrich List, dieser Steuereintreiber und Eisenbahnpionier, Staatsmann und Gefängnisinsasse, Publizist, Selbstmörder, Amerikaner und Württemberger in Personalunion, hat anders als die meisten Ökonomen seine Ideen stets zur unmittelbaren Verwendung vorgesehen. Was er für richtig hielt, wollte er ausprobieren und beobachten, wie die Wirtschaft im Hier und Jetzt funktioniert, anstatt einen Idealzustand zu erträumen. Aus dem, was er erlebte, leitete er ab, was geht und was nicht. Er gründet den ersten Unternehmerbund der Neuzeit, gilt als Vater der Zollunion. Veit Valentin, der große Historiker der deutschen Revolution 1848/49, bezeichnet seine frühen Streitschriften zudem als einen Ausgangspunkt des Vormärzes. In Dresden trägt heute nicht die ökonomische, sondern die verkehrswissenschaftliche Fakultät seinen Namen, war doch List Vater der ersten Fernbahnlinie Deutschlands zwischen Leipzig und Dresden.

Erst 1841, als er den Großteil seines kurzen Lebens und eine lange Liste unternehmerischer und politischer Tätigkeiten bereits hinter sich hat, veröffentlicht List sein Hauptwerk, das „Nationale System der politischen Ökonomie", es sind die Lehren seines Lebens. Darin entwirft er eine Theorie der Wirtschaftsentwicklung, an der sich Kritiker und Verfechter bis heute reiben. Anders als Adam Smith, der ganz auf die heilsame Wirkung der ungezügelten Marktkräfte vertraut, spricht sich List für eine aktive Rolle des Staates aus. Damit die Wirtschaft prosperiere, müsse der Staat alles tun, um starke Industriezweige aufzubauen. Um das zu erreichen, sind aus seiner Sicht maßvolle Zölle unerlässlich. Zudem muss er für Rechtssicherheit sorgen und in Bildung investieren, aus Lists Sicht ist das Humankapital von heute das BIP von morgen.

Smiths Idee vom Markt, der sich selbst reguliert, ist aus Lists Sicht ein Traum, der nur funktionieren könne, weil er einen Akteur im Wirtschaftsgeschehen außer Acht lasse: die Nation. Smiths Aussage, was in der Privatökonomie richtig sei, werde in der Nationalökonomie kaum falsch sein, hält List entgegen: „Liegt es in der Natur des Individuums, auf die Bedürfnisse künftiger Jahrhunderte Bedacht zu nehmen, wie dies in der Natur der Nation liegt?"

So ist für List auch Freihandel nicht per se gut oder schlecht. Vielmehr hängt es vom Entwicklungsstand eines Staates ab, ob er durch Freihandel zu mehr Wohlstand gelangt. Was England nütze, könne Deutschland durchaus schaden. Aus dieser Einsicht leitet List sein Theoriekonstrukt der „Politischen Ökonomie" ab, das den Außenhandel in Zusammenhang mit dem Entwicklungsstand eines Landes setzt.

Dabei wird List keineswegs als Revolutionär oder Freigeist geboren. 1789, während in Paris die Menschen entdecken, dass sich auch ohne König und Adel ein Staat machen lässt, kommt Daniel Friedrich List in Reutlingen zur Welt. Als ältester Sohn soll er den Gerbebetrieb des Vaters übernehmen, doch der reichlich unförmige junge Mann ist für praktische Tätigkeiten ungeeignet. Stattdessen findet er eine Anstellung in der württembergischen Landesverwaltung. Er ist ein ordentlicher Beamter, wird schnell befördert. Als man 1817 an der Universität Tübingen eine staatswissenschaftliche Fakultät einrichtet, wird List an die Spitze berufen.

Der gerade 28-Jährige bewundert aus der Ferne, wie sich England zum Manufakturstaat wandelt und dem Kontinent in Reichtum und Macht immer stärker enteilt. Um zu England aufzuschließen, ist aus Lists Sicht vor allem eines nötig: Die deutschen Kleinstaaten müssen ihre Zollschranken fallen lassen. Ab 1815 betätigt er sich publizistisch, um diesem Ziel näher zu kommen. So schwärmt er im „Allgemeinen Anzeiger der Deutschen" von den Vorzügen des Freihandels, am liebsten auf dem ganzen Kontinent. 1819 gründet List gemeinsam mit einer Schar von Kaufleuten in Frankfurt den „Deutschen Handels- und Gewerbeverein", dessen Ziel die Vollendung der Zollunion ist. Als ihr Bevollmächtigter reist List durch die Hauptstädte des noch losen Staatenbundes, um für seinen Plan zu werben. In Wien spricht er bei Metternich vor, in München bei König Ludwig I. Wenig später wird er in den württembergischen Landtag gewählt.

In seinen Schriften aus dieser Zeit, die vor allem Eingaben und Briefe umfassen, formt sich ein Kern seiner ökonomischen Lehre: Grundlage wirtschaftlichen Erfolgs ist die innere Verfasstheit eines Staates. „Wie fleißig, erfinderisch, unternehmend, moralisch und intelligent die Individuen seien, ohne Nationaleinheit wird die Nation nie einen hohen Grad von Wohlstand erlangen."

List beschränkt diese Aussage nicht nur auf Zollpolitik. Obwohl sich seine Rezeption bis heute vor allem auf Werke zur Handelspolitik bezieht, galt sein Interesse einem umfassenden Blick auf die Staatstätigkeit. Das zeigt eine Kritik an seinem Konterpart Smith, den er mit einem Maler vergleicht, „der zwar Einzelheiten mit bewunderungswürdiger Genauigkeit zu zeichnen vermag, sie aber nicht zu einem harmonischen Ganzen zu verbinden gewusst, und der so ein Monstrum gemalt, dessen vortrefflich gezeichnete Glieder verschiedenartigen Körpern angehört haben".

Dieses harmonische Ganze findet List in den „produktiven Kräften", heute würde man von Humankapital sprechen, auf deren Entwicklung eine Gesellschaft zielen müsse, um zu Wohlstand zu gelangen. Er nennt drei Voraussetzungen, damit diese Kräfte gedeihen können: ökonomische, geistige und gesellschaftliche. Ökonomische Voraussetzung ist angesichts des Entwicklungsniveaus seiner Zeit zunächst eine entwickelte Landwirtschaft, geistige Basis ein funktionierendes Bildungssystem. Hinzukommen müssten „Institutionen und Gesetze, welche dem Bürger Sicherheit der Person und des Eigentums, den freien Gebrauch seiner geistigen und körperlichen Kräfte sichern" – ein Satz, der auch knapp 200 Jahre später alles enthält, was über ein freiheitliches Verständnis von notwendiger Staatstätigkeit zu sagen ist.

Doch der Ökonom muss schmerzlich erfahren, dass die vorsichtig keimende Meinungsfreiheit in Deutschland klare Grenzen kennt. Die überschreitet List, als er 1821 die „Reutlinger Petition" veröffentlicht. Darin prangert er die Macht und Korrumpiertheit des Beamtenapparats im Staate Württemberg an und beruft sich sodann darauf, dort, „wo Freiheit, Ehre und Vermögen des Bürgers durch verfassungswidrige Handlungen der Staatsfunktionäre bedroht sind", werde „es wohl keiner Entschuldigung bedürfen, wenn der Verfolgte an die öffentliche Meinung appelliert". Er sollte sich irren. Denn aus dem respektierten Intellektuellen wird mit diesem Schreiben ein Gejagter, der sein Leben lang um Anerkennung und Einkommen ringen muss und den diese Umstände schließlich sogar in den Tod treiben.

Die Strafe für die Veröffentlichung lautet zehn Monate Festungshaft. List flieht nach Frankreich, dann in die Schweiz. Doch auch wenn er dort geduldet ist, politischer Anspruch und monetäre Not treiben ihn zurück nach Schwaben. Er spekuliert auf ein Gnadengesuch, doch im Sommer 1824, wenige Tage nach seiner Rückkehr, wird er festgesetzt und muss seine Festungshaft auf dem Hohenasperg, dem gefürchtetsten Gefängnis seiner Zeit, antreten. In dramatischen Appellen unter anderem an seinen Verleger Cotta in Stuttgart dringt er darauf, sich für seine Freilassung einzusetzen. Schließlich gelingt das, doch als Gegenleistung muss er in die USA auswandern.

So schwer dem Patrioten List diese Entscheidung fällt, für sein ökonomisches Werk wird sie zum Dreh- und Angelpunkt. List erreicht Amerika fast mittellos, doch unter der Obhut eines mächtigen Mannes. Den Marquis de la Fayette, Held der französischen Unabhängigkeitsbewegung und des amerikanischen Bürgerkriegs, hatte List während seiner Flucht in Paris kennengelernt. Er nimmt ihn mit auf Reisen durch die Staaten Neuenglands. Wie schon in der Heimat macht List sich bald als Publizist einen Namen. Als er dann eigenhändig einen bedeutenden Kohlefund macht und den Bau einer Eisenbahnlinie organisiert, geht es auch wirtschaftlich rasant bergauf. Doch auch wenn List inzwischen die amerikanische Staatsbürgerschaft hat, es zieht ihn zurück in die Heimat. 1830 nimmt er das Angebot des Präsidenten Andrew Jackson an, die USA als Konsul für alle deutschen Lande in Hamburg zu vertreten. Zumindest glaubt er das, als er Anfang Dezember das Schiff gen Le Havre betritt.

Wichtiger noch als für seine persönliche Finanzlage ist der Aufenthalt in den USA für sein ökonomisches Weltbild, das er zunächst als Beobachter in seinen „Mittheilungen aus Amerika" beschreibt und dann in den „Outlines of Political American Economy" 1827 auch als theoretisches Konstrukt zu Papier bringt. Er beschreibt darin ein Land, dem es mithilfe von Schutzzöllen gelungen ist, neben der englischen Handelsmacht erfolgreich zu bestehen. Er kommt zu der Überzeugung, dass die Freihandelsideologie vor allem ein Mittel Englands ist, schwächer entwickelte Staaten in Abhängigkeit zu zwingen. In seinem Hauptwerk fragt er „ob nicht gar jene Theorie nur darum so weitbauchig angelegt ist, damit sie, als ein hellenisches Ross, Waffen und Männer berge und uns verleite, unsere Schutzmauern mit unsern eigenen Händen niederzureißen". Die britischen Politiker und Ökonomen spielen in seinen Augen ein falsches Spiel: „In ihren Worten waren sie immer Philanthropen, in ihrem Streben jederzeit Monopolisten."

Als Beispiel für seine These dient ihm Portugal, das sich 1703 auf einen folgereichen Vertrag eingelassen hatte: Als Gegenleistung für ein portugiesisches Weinmonopol auf dem englischen Markt musste das südeuropäische Land alle Schutzzölle gegenüber England für den Heimatmarkt fallen lassen. Auch wenn gerade dieser Vertrag dem Freihandelstheoretiker David Ricardo als Paradebeispiel für die Vorzüge offener Märkte diente, aus Lists Sicht waren die Folgen verheerend: „Unmittelbar nach Vollziehung ward Portugal von englischen Manufakturwaren überschwemmt, und die Folge war: plötzlicher und vollständiger Ruin der portugiesischen Fabriken."

Er setzt deshalb auf eine dreistufige Zollpolitik, an deren Ende gleichwohl das Ideal der möglichst unbeeinflusst agierenden Marktteilnehmer steht. Er denkt dabei aus der Sicht des Staates in Entwicklungsstufen. Auf der untersten Stufe steht der Agrarstaat ohne eigene Industrien. Für den ist es zunächst attraktiv, sich auf freien Handel mit entwickelten Nationen einzulassen. Denn so findet er Absatzmärkte für seine Waren und kann selbst Maschinen importieren, um die Produktion effizienter zu gestalten. Sobald im Land genügend Kapital und Wissen vorhanden ist, ist es aus Sicht Lists jedoch notwendig, ein System von Schutzzöllen zu entwickeln, das den Aufbau eigener Industrien ermöglicht. Er sieht dabei klare Grenzen für diese „Erziehungszölle": „Das zweckmäßige Schutzsystem gewährt den inländischen Manufakturisten kein Monopol, sondern nur denjenigen Individuen eine Garantie gegen Verluste, die ihre Kapitalien neuen, noch unbekannten Industrien widmen."

Wenn dieser Schritt erfolgreich ist, muss der Staat alsbald gegensteuern. Eine Rückkehr zum Freihandel wird nötig, sobald sich ein Land zur Handelsmacht entwickelt hat. Sonst stellt sich nach Lists Ansicht Trägheit unter den Produzenten ein. „Indem man nur zu erhalten, nicht aber zu erwerben strebt, geht man zugrunde", beschwört List den Wert des Konkurrenzdrucks, „denn jede Nation, die nicht vorwärts schreitet, sinkt tiefer und muss zuletzt versinken." So selbstverständlich das bei List klingt, in der Praxis ist sein Konzept voller Tücken. Der politische Versuch, eine Marktabschottung zu beenden, ruft stets und überall mächtige Interessengruppen auf den Plan. Fast alle Länder, die sich an der Umsetzung von Lists Theorien versucht haben, sind an der Frage des richtigen Timings gescheitert.

Lists Rückkehr nach Europa hält für ihn zunächst eine herbe Enttäuschung bereit. Statt als Konsul an der Alster zu logieren, sitzt er in Paris fest. Seine alten Gegner an der Spitze des württembergischen Staates weigern sich, den Querkopf als diplomatischen Ansprechpartner für alle deutschen Fürstentümer zu akzeptieren. Nach einigem Hin und Her wird ihm ein Posten als Vertreter der USA in Sachsen angeboten. Doch die Tätigkeit füllt ihn weder aus, noch entspricht sie seinem Naturell. So sucht er sich andere Betätigungsfelder und entwickelt Pläne zum Bau einer Eisenbahnlinie von Leipzig nach Dresden. Ihm schwebt ein Aktionärsmodell vor, wie er es in den USA erfolgreich praktiziert hat, er rechnet auf Heller und Pfennig vor, ab welcher Kundenzahl das Unterfangen welchen Ertrag bringt.

Wieder erweist sich Lists Idee zwar als richtig, doch den Ertrag ernten andere: Der sächsische Staat nimmt das Projekt in Angriff, für List bleibt nur eine kleine Prämie. Auch seine US-Unternehmungen werfen immer geringeren Ertrag ab. Als die ökonomische Not wächst, kehrt List der Heimat erneut den Rücken und geht nach Paris, wo er sich 1837 an einem ökonomischen Ideenwettbewerb der Akademie beteiligt. „Le Système Naturel de l'Économie Politique" nennt List seine Schrift.

Die große öffentliche Resonanz weckt in List den Gedanken, sein Werk auch in der Heimat zu veröffentlichen. Das „nationale System der politischen Ökonomie" wird ein publizistischer Erfolg. Doch immer stärker haftet List das Stigma des Außenseiters an, auch ein erneutes Gnadengesuch scheitert. Sein Auskommen bestreitet er aus seltener werdenden journalistischen Auftragsarbeiten. Im November 1846 bricht er zu einer Reise nach Italien auf und macht in Kufstein Rast. Am Morgen findet man ihn erschossen in seinem Zimmer, neben ihm eine Pistole.

Es passt zu Lists tragischer Schaffensgeschichte, dass er heute in seiner Heimat fast vergessen ist. „Ich bekomme oft Anfragen zu Beiträgen über List, doch nie aus Deutschland", sagt Eugen Wendler, emeritierter Wirtschaftsprofessor aus Reutlingen, der gerade einen Beitrag für einen List-Sammelband fertiggestellt hat, der in Korea verlegt wird. In 15 Sprachen ist Lists Hauptwerk übersetzt worden, in den USA ist es als Taschenbuch verfügbar. In Deutschland liegt die letzte nennenswerte Neuauflage 80 Jahre zurück.

Dabei folgten auf Lists Tod zunächst Jahrzehnte, in denen sich die deutsche Wirtschaftswissenschaft an ihm abarbeitet. Für seine Schutzzollpolitik nach 1878 beruft sich Otto von Bismarck direkt auf Lists Lehren. Im Dritten Reich versucht die Führung, die Theorie des Kosmopoliten List in ihr totalitäres Schema zu pressen. Mit dem Erfolg, dass die Ideen des liberalen Interventionisten nach Kriegsende in der Versenkung verschwinden.

Doch während List in Deutschland in Vergessenheit gerät, erlebt er anderswo sein Comeback. Als die westliche Welt nach 1990 erwartet, dass mit dem Ende des Kommunismus der uneingeschränkte Kapitalismus zum Konsens in der Weltwirtschaft wird, passiert in Asien das Gegenteil. Ob Südkorea, Indien, China oder Indonesien: Die wirtschaftlichen Aufsteiger verbinden ihr Entwicklungsmodell allesamt mit einer aktiven Rolle des Staates.

Mit deren Erfolg gewinnt auch Lists Theorie neue Bedeutung: als ideologiefreie Einsicht in die Wirkungszusammenhänge der realen Wirtschaftswelt. Denn Lists Denkgebäude kennt kein „ceteris paribus", kein „was wäre wenn". Stattdessen verrät es, wie der Akteur Staat in der Realität zum Nutzenmaximierer seiner Untertanen werden kann. Egal an welche Theorie sich seine Nachbarn und Handelspartner gerade halten.

ZITATE

„Schutzzölle wirken als Reizmittel auf diejenigen Zweige der Industrie, welche das Ausland besser liefert als das Inland, zu deren Produktion aber das Inland befähigt ist."

„Wer Schweine erzieht, ist (nach Adam Smiths Theorie) ein produktives, wer Menschen erzieht, ein unproduktives Mitglied der Gesellschaft. Ein Newton, ein Watt, ein Kepler sind nicht so produktiv wie ein Esel oder Pferd."

„Jede durch Regierungsmaßregeln ruinierte Fabrik wirkt wie ein Kadaver, der alle lebendigen Wesen ähnlicher Art weit und breit verscheucht."

„Gegen die Illusionen der Ideologie gibt es zwei kräftige Heilmittel: die Erfahrung und die Notwendigkeit."

„Spanien und Portugal teilen die Bestimmung, die besten Weine der Welt zu liefern und die schlechtesten selbst zu trinken."

Literatur

Friedrich List: **Das nationale System der politischen Ökonomie** (zuletzt: Nomos 2007). Lists Standardwerk ist auf Deutsch nur noch antiquarisch erhältlich. In englischer Sprache ist es hingegen verfügbar (National System of Political Economy; Cosimo Classics, 2011). Die Lektüre lohnt sich dennoch ungemein: Neben Lists Entwicklungstheorie ist es vor allem seine historische Analyse des Aufstiegs und Niedergangs von Handelsimperien wie Venedig, der Hanse oder Spaniens, die bis heute lesenswert ist.

Liberaler Interventionist – Friedrich List

Der Trierer Volksfreund - Karl Marx

Als Prophet war er ein Versager, als Soziologe ein Riese, als Ökonom vor allem ein gelehrter Mann: **Karl Marx**, der Theoretiker des Industriekapitalismus, wollte nicht nur zu revolutionären Ergebnissen kommen, sondern die Notwendigkeit der Revolution beweisen.

Der 9. November 1989 ist als eine Art Karfreitag des Sozialismus in die Geschichte eingegangen. Für den Schöpfer der kommunistischen Heilslehre aber war es, als fielen Wiederauferstehung und Himmelfahrt auf einen Tag. Endlich konnte man Karl Marx in Studentenparlamenten kritisieren, ohne Gefahr zu laufen, sich als „Propagandist des Kapitals" unmöglich zu machen; endlich konnte man in kleinstädtischen Buchhandlungen das „Kommunistische Manifest" ordern, ohne von tuschelnden Kunden unter Ideologieverdacht gestellt zu werden – ja: Endlich konnte man Marx lesen, unverschämt und unverbrämt, ganz so wie Hegel, Nietzsche, Kierkegaard, als Klassiker des 19. Jahrhunderts. Es war, als reinigte das historische Datum Marx vom Marxismus, als emanzipierte der Fall der Mauer den überragenden Theoretiker des Industriekapitalismus vom Propheten kollektivistischer Erlösungspläne. Das schwere Kreuz der Ideologie fiel von Marx' Schultern, die ganze kommunistische Theologie von der „massenhaften Veränderung der Menschen", die Gräuel des Stalinismus, all die Zynismen der Planwirtschaft, die in seinem Namen stattgefunden hatten.

Karl Marx, der Prophet und Erlöser, war tot, endlich, von seinen Jüngern widerlegt und ins Grab gestoßen – und Karl Marx, der Soziologe, Journalist, Nationalökonom und Geschichtsphilosoph, der schonungslose Kritiker der idealistischen Philosophie und der bürgerlichen Gesellschaft, durfte sein Leben noch einmal von vorn beginnen: als Revolutionär, der die „versteinerten Verhältnisse" in Deutschland 1844 wie die „offenherzige Vollendung des ancien régime" empfand und das „verkehrte Weltbewusstsein" einer Gesellschaft enttarnte, die Gott nach ihrem Bilde formte, um sich von ihm beherrschen zu lassen. Als Philosoph der Tat, der das Reich der Vernunft „von der Erde zum Himmel" aufsteigen ließ, um gegen die idealistischen „Gedankenhelden" seiner Zeit „die Wahrheit des Diesseits zu etablieren". Als politischer Unruhestifter, der auf dem Höhepunkt des Manchester-Kapitalismus die „Proletarier aller Länder" aufrief, sich gegen ihr „Zwangsarbeiter"-Dasein zu Diensten kapitalistischer Ausbeuter aufzulehnen. Und natürlich als bärtiger Gelehrter, der in seinem Hauptwerk „Das Kapital" die Funktionsweise der modernen Wirtschaft sezierte. Marx war mit dem Untergang des Kommunismus als Prophet und Messias erledigt, wie schön – aber nur, um als Chefanalytiker der „Bourgeois-Epoche" in den Olymp der Ideengeschichte aufzusteigen.

Dort gebührt dem Trierer Volksfreund heute ein unumstrittener Ehrenplatz.

Joseph Schumpeter hat das Betriebsgeheimnis von Marx' zwiespältig-phänomenalem Welterfolg bereits 1942 entschlüsselt. Er verstand die drei zentralen Utopien Marx' (Verelendung des Proletariats, Untergang des Kapitalismus, Sieg des Sozialismus) methodologisch: Marx wollte nicht nur zu revolutionären Ergebnissen kommen, sondern die historische Notwendigkeit der Revolution beweisen. Deshalb mobilisierte er das Proletariat als geschlossene Klasse, die „alle Lasten der Gesellschaft zu tragen hat, ohne ihre Vorteile zu genießen", die „aus der Gesellschaft herausdrängt …, von der das kommunistische Bewusstsein ausgeht". Wenn es stimmte, dass „die Geschichte aller bisherigen Gesellschaft" die „Geschichte von Klassenkämpfen ist", wie Marx 1848 im Kommunistischen Manifest behauptete, dann brauchte es auch für diese letzte Ausgabe „Unterdrücker und Unterdrückte", zwei unversöhnliche Gegner, die sich feindlich gegenüberstehen, zwei Menschenblöcke, die die soziale Dynamik der Geschichte aufrechterhalten und sich bekriegen, bis endlich das sozialistische Morgenrot aufscheint: Bourgeoisie und Proletariat. Doch wie wollte Marx die Zeitgenossen von seiner bipolaren Gesellschaftskonstruktion überzeugen?

Gewiss, Marx hat seinen Verehrern ein Arsenal „weißglühender Phrasen, leidenschaftlicher Anklagen und zorniger Gesten" (Schumpeter) zur Verfügung gestellt, aber das ist es nicht, sein Erfolg gründet sich auf etwas anderem, auf der kühnen Kombination rationalistischer, deterministischer und eschatologischer Motive. Anders gesagt: Die Notwendigkeit der Revolution hat bei Marx eine dreifache Dimension. Sie ergibt sich erfahrungsgemäß aus der Analyse sozialer Tatsachen. Sie ist als logische Folge historischer Prozesshaftigkeit konzipiert. Und sie adressiert die (verlorene) Ganzheitshoffnung einer durch maschinelle Beschleunigung, Arbeitsteilung und unpersönliche Geldverhältnisse sich selbst fremd gewordenen Menschheit. Marx hat die Religion als „illusorisches Glück" entlarvt, aber er hat nicht an den „Seufzern der bedrängten Kreatur" vorbeigehört – und die metaphysisch ausgefegte Welt mit einem säkularen Glaubenssurrogat beschenkt: mit der frohen Botschaft vom irdischen Paradies des Sozialismus. Gleichzeitig hat Marx den technischen Machbarkeitseifer eines bürgerlich-progressiven Milieus aufgegriffen, das in seiner neuen Gottlosigkeit noch reichlich verunsichert an der Schwelle zur

Moderne stand – und an ein Vorwärts glaubte, ohne vorerst die Richtung zu kennen.

In dieser historischen Lage hat er nicht nur das Kunststück fertig gebracht, den neustädtischen Arbeitern Parolen und Argumente zu liefern gegen den parasitären Lebensstil vieler Kapitalisten; er reüssierte vor allem in bildungsbürgerlichen Kreisen mit der Behauptung, die sozialistische Erlösung von allen Weltübeln sei eine rational beweisbare Gewissheit. Es ist ihm gelungen, die Sehnsüchte, die die Religion auf ihrem unfreiwilligen Rückzug zurückgelassen hatte, mit dem positivistischen Geist eines Fortschritts zu verknüpfen, der als unausweichlich empfunden wurde – und der keinen Glauben duldete, der nicht wenigstens einen wissenschaftlichen Anstrich hatte: „Einfach das Ziel zu predigen wäre wirkungslos geblieben; eine Analyse des sozialen Prozesses hätte nur ein paar Hundert Spezialisten interessiert", so Schumpeter: „Aber im Kleid des Analytikers zu predigen und mit einem Blick auf die Bedürfnisse des Herzens zu analysieren, dies schuf [Marx] eine leidenschaftliche Anhängerschaft."

Nirgends hat Marx mit mehr Herz studiert und mit mehr Verstand agitiert als im Kommunistischen Manifest. Die kleine Schrift ist von aufrüttelnder Sprachkraft, ein brillanter, mitreißender Text, der ständig zwischen Analyse und Dialektik changiert, munter Wissenschaft und Propaganda verquirlt – und eine schier unauflösbare Spannung aufbaut zwischen der Schilderung geschichtlicher Dynamik und Teleologie, zwischen unaufhörlichem Wandel und utopischem Endziel. Besonders bemerkenswert ist das Manifest deshalb, weil Marx in ihm die Leistungen des Kapitalismus geradezu hymnisch feiert. Die Bourgeois-Epoche habe „ganz andere Wunderwerke vollbracht als ägyptische Pyramiden, römische Wasserleitungen und gotische Kathedralen", stellt er fest, sie habe „kolossale Produktionskräfte geschaffen als alle vergangenen Generationen zusammen", „enorme Städte" aufgebaut und einen „bedeutenden Teil der Bevölkerung dem Idiotismus des Landlebens" entrissen: „Dampfschifffahrt, Eisenbahnen, elektrische Telegrafen, Urbarmachung ganzer Weltteile ... – welch früheres Jahrhundert ahnte", dass derlei Energien im Schoß der Menschheit schlummerten?

In packenden Passagen schildert er, dass die Harmonielehre der vorindustriellen Marktwirtschaft (Adam Smiths „unsichtbare Hand") vom Grundgesetz des Industriekapitalismus abgelöst wird: „Fortwährende Umwälzung der Produktion, ununterbrochene Erschütterung aller gesellschaftlichen Zustände, ewige Unsicherheit und Bewegung". Und mit soziologischem Scharfblick etabliert er sich als erster Theoretiker der Globalisierung: „Die Bourgeoisie reißt... alle, auch die barbarischsten Nationen in die Zivilisation … Sie zwingt alle Nationen, die Produktionsweise der Bourgeoisie sich anzueignen … Mit einem Wort, sie schafft sich eine Welt nach ihrem Bilde."

Natürlich macht Marx auf die Nebenkosten der bürgerlichen Revolution aufmerksam. Die Bourgeoisie habe „alle feudalen, patriarchalischen, idyllischen Verhältnisse zerstört" und „kein anderes Band zwischen Mensch und Mensch übrig gelassen als das nackte Interesse, als die gefühllose, ‚bare Zahlung'". Es ist nur eine von Marx' griffigen Übertreibungen, die sich unter Kapitalismuskritikern noch heute großer Beliebtheit erfreuen. Marx selbst bediente sich ihrer nicht, um den Kapitalismus gleichsam von außen zu kritisieren, sondern um den Nachweis zu führen, dass seine heraufziehende Existenzkrise sich inneren Widersprüchen verdankt. Seine soziologischen Befunde ließen ihm auch gar keine andere Wahl: Wenn die „Bourgeois-Epoche" ihrem Wesen nach dauerrevolutionär war, dann konnten die Gründe für ihren Untergang nicht in ihrer Erschöpfung, sondern nur in ihrer Dynamik begründet liegen.

Vorerst begnügte sich Marx mit dem vagen Hinweis, dass die Bourgeoisie „ihre eigenen Totengräber" produziert: Das Proletariat, das durch seine Arbeit das Kapital der Kapitalisten vermehrt, ohne sich selbst Eigentum verschaffen zu können, lehnt sich gegen seine „Enteignung" auf und revolutioniert die Gesellschaft. Später, im „Kapital", hat Marx das Paradox von der dynamischen Selbsterschöpfung des Kapitalismus ökonomisch zu fassen versucht: Das „Gesetz des tendenziellen Falls der Profitrate" postuliert, dass die Ertragsrate der Unternehmer nicht trotz, sondern wegen des technischen Fortschritts fällt. Weil mit der Maschinisierung der Produktion der proportionale Anteil von Verbrauchskapital (Investitionen) wachse, schrumpfe zugleich der Anteil der „lebendigen Arbeit", die Marx zufolge allein Mehrwert erzeugt. Heutzutage ist das Argument schon deshalb widerlegt, weil der Wissensarbeiter der Moderne nicht nur seine Haut (als Arbeitskraft), sondern auch sein Hirn (als Investitionsgut) zu Markte trägt.

Das Kommunistische Manifest ist das große Scharnier in Marx' Leben und Werk: Hier bündelt sich seine Religions- und Ideologiekritik – von hier aus überführt er sie in eine wissenschaftliche Kritik an den ökonomischen Produktionsverhältnissen. Marx ist gerade mal 29 Jahre alt und hat ein bewegtes Leben hinter sich: Aufgewachsen in Trier, bleibt ihm nach dem Jura-Studium in Bonn und Berlin eine akademische Karriere verwehrt, die preußischen Behörden kujonieren ihn als aufmüpfigen Linkshegelianer – und so verdingt er sich als Journalist bei der „Rheinischen Zeitung" in Köln (1842). Als die Zensur zuschlägt, siedelt er nach Paris, wo er mit Heinrich Heine und Friedrich Engels in Kontakt kommt, von Paris aus treibt ihn der lange Arm der preußischen Justiz nach Brüssel (1845); drei Jahre später wird er dort verhaftet und ausgewiesen, flüchtet über Paris und Köln (nochmalige Ausweisung) als Staatenloser ins Exil nach London (1849).

Und hier verbringt er den Rest seines Lebens, tagsüber im Leseraum des British Museums, wo er praktisch alle Werke der Politischen Ökonomie studiert – und nachts zu Hause, wo er „Das Kapital" verfasst, in einer erbärmlichen Stube, unzureichend genährt, ärztlich schlecht versorgt, obwohl er von Engels finanziell unterstützt wird und sich als Europa-Korrespondent der „New York Tribune" ein paar Pfund dazuverdient. Als Politiker beteiligt sich Marx noch federführend an der Gründung der „Ersten Internationale" (1864) und der Sozialdemokratischen Arbeiterpartei (1869) in Deutschland, doch die Armut zehrt an seinen Kräften, seine Frau und fünf seiner sieben Kinder sterben früh, Marx selbst bringt nicht mehr die Kraft auf zur Vollendung seines Mammutwerkes – und stirbt am 14. März 1883.

Man kann dieses Mammutwerk über den Industriekapitalismus nicht verstehen, ohne zu wissen, woher es kommt: aus einer anderen, vorindustriellen Zeit. Marx war ein Teenager, als Hegel (1831) und Goethe (1832) starben. Hegel sah im damaligen Preußen die Einheit von institutioneller Ordnung und individueller Freiheit erreicht – und Goethe immerhin noch die Chance, dass eine handwerkliche Erwerbsbiografie auch unter frühindustriellen Bedingungen möglich sei. Entsprechend unbestimmt ist zunächst Marx' Kritik; sie richtet sich gegen die Religion, die idealistische Philosophie und den Staat, kurz: gegen „die ganze bisherige Weise des deutschen ... Bewusstseins". Marx will seine Zeit vom „Nonsens" befreien, mit dem Pfarrer, Philosophen und

Politiker die Welt auskleiden, um sich in ihr zu gefallen. Er versteht Religion und (Hegels) Philosophie als Projektionen des menschlichen Wesens, in denen der Mensch sich selbst, als Gott und Weltgeist entfremdet, widerspiegelt.

Dagegen will Marx auf den Menschen zurückgehen, auf sein Sein und seine Tätigkeit, will „auf dem wirklichen Geschichtsboden stehen …, nicht die Praxis aus der Idee, sondern die Ideenformationen aus der materiellen Praxis" erklären – und sie verändern. Er bestreitet vehement, dass der Mensch dem Walten der Geschichte ausgeliefert sei, solange er sich dem Walten nicht selbst ausliefere. Die Umstände, so Marx, machen die Menschen so gut wie die Menschen die Umstände. Von hier aus war es nur noch ein kleiner Schritt zur Erkenntnis, dass er mit der „Aufhebung" der Philosophie vor allem ihre Verwirklichung meint, eine Philosophie der gesellschaftlichen Praxis – und dass Gesellschaftskritik daher Wirtschaftskritik ist, eine Kritik der Art und Weise, wie der Mensch sich selbst (re-)produziert: It's the economy, stupid!

Es war vielleicht Marx' größte Leistung, dass er die Wucht der industriellen Revolution frühzeitig erfasste und seine humanistische Anthropologie unbeschadet auf das Feld der Ökonomie zu übertragen wusste, ohne moralisch zu werden. Als Brücke diente ihm der Begriff der „Entfremdung": So wie der Mensch sich durch seine Schöpfung (Gott) von sich selbst entfremde, so werde der Arbeiter in einer arbeitsteiligen Produktionskette vom Produkt seiner Arbeit entfremdet. Marx' Kritik setzt mit einer Analyse der Ware ein, die er als Träger eines Gebrauchs- und eines Tauschwerts zur „ökonomischen Zellenform" des Kapitalismus erklärt. Während die Menschen am Gebrauchswert der Ware zur Befriedigung ihrer Bedürfnisse interessiert seien, komme es dem Kapitalisten auf die Erzeugung von Tauschwerten an – hier schon, gleich zu Anfang, scheint der unauflösbare Konflikt zwischen den Interessen des Kapitals und des Gemeinwohls auf, auf den es Marx ankommt. Dabei versteht er Arbeit – ganz so wie Adam Smith – als wertschaffende Tätigkeit. Weil aber die Arbeitskraft im Kapitalismus zu einer Ware werde, deren Wert sich, wie der Wert aller Waren, durch die zu ihrer Reproduktion notwendigen Arbeitsmenge definiert, seien die Proletarier als Verkäufer ihrer Arbeitskraft dazu verdammt, ein (Über-)Leben auf Subsistenzniveau zu fristen. Im Gegensatz dazu eigne sich das Kapital die Ware Arbeitskraft an, um mit ihr einen Wert zu schaffen, der größer ist als der Tauschwert der Arbeitskraft. Kurzum: Kapitalismus besteht in der Aneignung von unbezahlter Mehrarbeit.

Entscheidend ist, dass Marx seine Analyse mit einer radikalen Kritik an der ökonomischen Zunft verbindet, die Kapital und Boden als gegebene Produktionsfaktoren einführt, ohne sie auf das in ihnen Enthaltene, die Arbeit, zurückzuführen. Marx zufolge entlarve sich die Nationalökonomie damit als ein applaudierender Teil desselben Reproduktionsprozesses, über den sie kritisch wachen soll. Und damit, am Ende des ersten Bandes (1867), schließt er den Kreis zu seiner früheren Ideologiekritik: Im Kapitalismus, so Marx, ist die Reproduktion des Kapitals mit der Reproduktion der Klassenverhältnisse kapitalistischer Gesellschaften verbunden. Der Kapitalist erhält sein Kapital (plus Mehrwert) – der Arbeiter erhält sich selbst und sein Elend.

Wie schön, dass sich Marx so gründlich geirrt hat. Dass ausgerechnet er, der das „Bewegungsgesetz" des Kapitalismus ergründen wollte, das Proletariat als statisches Kollektiv formierte, ist beinah schon grotesk: Natürlich wollen alle Arbeiter kleine Bourgeois sein – und die meisten sind es, Kapitalismus sei Dank, als „abhängig Beschäftigte" geworden. Marx' Gedanken zum Wert der Arbeit hingegen sind heute wieder aktuell. Und seine Ideologiekritik, gelesen als Kritik an der „herrschenden Meinung", hätte vor allem in der selbstgewissen Ökonomenzunft wieder deutlich mehr demütige Beachtung verdient.

• •

ZITATE

„Die Nationalökonomie geht von der Arbeit als der eigentlichen Seele der Produktion aus, und dennoch gibt sie der Arbeit nichts und dem Privateigentum alles."

„Arbeiter, die sich stückweis verkaufen müssen, sind eine Ware, wie jeder andere Handelsartikel. Unser Kapitalist setzt sich also daran, die von ihm gekaufte Ware, die Arbeitskraft, zu konsumieren."

„Nicht die Kritik, sondern die Revolution [ist] die treibende Kraft der Geschichte. Sie zeigt, (...) dass die Umstände ebenso sehr die Menschen wie die Menschen ihre Umstände machen."

• •

• •

Niemand kennt den ganzen Marx – allein seine Marginalien umfassen mehr als 35 000 Buchseiten. Das gewaltige Editionsprojekt der **Marx-Engels-Gesamtausgabe (MEGA)** soll 2025 abgeschlossen sein – bisher sind 59 von 114 Bänden erschienen. Die MEGA wurde vor 35 Jahren mit dem Ziel in Angriff genommen, erstmals das gesamte Schriftgut von Marx und Friedrich Engels einschließlich aller Manuskripte, Entwürfe und Briefwechsel in der Sprache der jeweiligen Originale zu veröffentlichen. Eine Alternative sind die 45 blauen Bücher der **Marx-Engels-Werke (MEW)**, die das Zentralkomitee der SED herausgegeben hat. Sie sind seit 2009 im Dietz-Verlag wieder vollständig lieferbar. Kostenpunkt: 1120,50 Euro.

Wegen des schieren Umfangs seiner Texte bedient man sich Marx heute gerne zitatweise, um Kapitalismuskritik zu üben – oder um ihn des Irrtums zu überführen. Dabei geht leicht verloren, dass seine (früheren) philosophischen Arbeiten ohne das Verständnis der (späteren) ökonomischen Schriften nicht möglich ist – und umgekehrt. Doch was lesen? Womit anfangen?

Am besten mit dem **Manifest der Kommunistischen Partei** (Reclam). Anschließend bietet sich die **Kritik der Hegel'schen Rechtsphilosophie** (Amazon, E-book) an, in der Marx seine Gesellschaftskritik entwickelt, die er in der **Deutschen Ideologie** (Akademie-Verlag) konkretisiert: Hier formiert sich seine „Philosophie der Tat". Im ersten Buch seines ökonomischen Hauptwerks **Das Kapital** (zahlreiche Ausgaben) entwickelt er seine elegante Arbeitswert- und Mehrwerttheorie, die er in seinen „**Ökonomisch-philosophischen Manuskripten**" über die „Entfremdung" der Arbeit (Suhrkamp) vorbereitet. Einen guten Überblick anhand von Originaltexten bietet der von Johannes Rohbeck herausgegebene **Marx-Reader** bei Reclam. Unter den zahlreichen Einführungen ist die von Rolf Peter Sieferle (Junius-Verlag) zu empfehlen.

• •

Der Geist des Kapitalis-
mus - Werner Sombart

Werner Sombart war der originellste Analytiker des Kapitalismus. Der
Ökonom, Historiker und Soziologe hat den bourgeoisen Lebensstil bewundert und gehasst, Karl Marx verehrt und verworfen, das Judentum bestaunt
und verachtet. Seine Modernität rührt daher, dass er wie sein Freund Max
Weber die moderne Wirtschaft nicht erklären, sondern verstehen wollte.

Über das Leben und Werk von Werner Sombart zu schreiben, das ist vor allem eine Verzichtsübung. Man muss sich von dem Gedanken trennen, dass es so etwas gibt wie eine biografische Einheit, ein Lebensthema oder einen wissenschaftlichen Leitgedanken; man muss sich davon verabschieden, dass so etwas überhaupt möglich ist: Lebensgeschichte von einem archimedischen Punkt aus zu erzählen – als ob ein Mensch mit seinen Schriften und sich selbst identisch sein könne.

Werner Sombart hat kein Gesetz und keine Formel entdeckt, keinen Lehrsatz aufgestellt und keine Schule begründet; seine Vita ist nicht durchgestimmt und sein Œuvre nicht mit einer großen Idee verbunden. Im Gegenteil. Werner Sombart hat die ganze Fülle des Daseins ausgekostet, ob als Familienvater oder Schürzenjäger, ob als Gelehrter oder Salonlöwe, ob als schreibender Weltflüchtling in der Bibliothek seiner 14-Zimmer-Villa in Breslau, als Gastgeber eines kulturkritischen Dichterzirkels in der schlesischen Künstlerkolonie Schreiberhau oder als vortragsreisender Berlin-Professor, der mit grobem Strich, hemdsärmeliger Eloquenz und völlig unwissenschaftlicher Originalitätssucht die Säle füllte.

Werner Sombart war ein Verschnitt aus Nationalökonom, Jurist, Soziologe und Historiker. Er hat sich von Goethe, Shakespeare und Zola inspirieren lassen, aus dem Reichtum seiner 35 000 Bände umfassenden Privatbibliothek geschöpft, sich mal als Theoretiker, mal als Erzähler, mal als Sozialpsychologe verstanden – und sich zu immer neuen, oft steilen, manchmal skurrilen Meinungen, Sichtweisen und Diagnosen hinreißen lassen. Anders gesagt: Werner Sombart gibt es nur im Plural. Er war ein analytischer Brausekopf, der mit populärwissenschaftlicher Prosa politisch Einfluss nehmen wollte – und doch vehement auf seine wissenschaftliche Unabhängigkeit pochte. Er war ein glühender Pedant, der in akribischer Detailarbeit Quellen auswertete – und der mit begründungsloser Apodiktik atemberaubende Theorien über die „kollektive Psyche" der Juden und die „Eigenart der hohlen, englischen Krämernatur" aufstellte.

Ganz gewiss ist Werner Sombart (1863–1941) ein Paradebeispiel für den unheilvollen Weg, den die deutsche Gelehrtenrepublik von Wilhelm II. über den Ersten Weltkrieg und Weimar bis hin zu Adolf Hitler zurücklegte. Sombart verwandelte sich von einem linken Sozialreformer in einen rechten Nationalkonservativen – und endete als Mitläufer der Nazis. Er sympathisierte mit dem Sozialismus (1890) und der liberalen Fortschrittsidee (1900), er begrüßte den Krieg als Gefahr-Erfahrung, die vor Verflachung schützt, und spielte die deutsche Kulturidee gegen die angloamerikanische Zivilisation aus (1915), er war blutsgläubig, gemeinschaftsselig und liebäugelte mit rassenhygienischen Ideen (1920).

Sombart hat den Kapitalismus geschätzt und verabscheut so wie er Karl Marx verehrt und verachtet hat. Er hat die Entstehung von Profitgier, Erwerbstrieb und Geschäftssinn als kulturelles Einmalereignis bestaunt und den „Götzen Fortschritt" als „Gräberfeld der Kultur" gehasst – so wie er das Judentum in seiner angeblichen Rolle als Wegbereiter des kapitalistischen Lebensstils – Geldleihe, Berechnung, Zweckdenken, Versachlichung – zugleich gewürdigt und diffamiert hat: „Die Etappen seiner Meinungsänderung", urteilte der österreichische Ökonom Ludwig von Mises einmal scharf und sinnig, „sind zugleich die Etappen der Meinungsänderung von Deutschlands geistiger Oberschicht."

Und doch sind Sombarts Schriften nicht nur zeitgeschichtliche Dokumente ersten Ranges. „Der moderne Kapitalismus", ein Monumentalwerk, das Sombart in drei Etappen (1902, 1913–1916, 1927) in seine schlussgültige Form brachte, ist dank seiner enzyklopädischen Fülle, seiner kunstvollen Integration von Wirtschaftstheorie, Geschichtsschreibung und Soziologie und dank seiner einflussreichen Typologie von Wirtschaftsweisen, -systemen und -gesinnungen ein Klassiker von singulärem Rang.

Sombart erweist sich in ihm nicht nur als großer Tragiker und Melancholiker des Kapitalismus, sondern vor allem als sein treuer Biograf. Minutiös verfolgt er die Entwicklungspfade und Zäsuren der modernen Wirtschaftsform bis ins tiefe Mittelalter zurück; kraftvoll ordnet er über viele Tausend Seiten hinweg deren Stilformen, Wesenszüge und Erscheinungsweisen – ausgestattet mit einer überbordenden intellektuellen Energie, einer interdisziplinären Offenheit und einem Zuspitzungswillen, für den man ihn zeit seines Lebens mit umfassender Verständnislosigkeit und grenzenloser Bewunderung bedachte.

„Der moderne Kapitalismus" und seine ausgekoppelten Satelliten, „Der Bourgeois" sowie „Liebe, Luxus und Kapitalismus", sind bis heute die originellsten, quellensattesten Bücher zum Thema – wenn man einmal vom Standardwerk Fernand Braudels absieht, dessen frühneuzeitliche Sozialgeschichte (1979/85) Sombart unendlich viel verdankt. Sombart führt – mehr noch als sein Freund Max Weber – den „kapitalistischen Geist" in die gesellschaftliche Debatte ein – wobei er mit „Geist" nicht das Normative einer Wirtschaftsethik bezeichnet, die immer nur ein Ausdruck dieses „Geistes" sein könne, sondern einen nach Kulturen, Berufen, Ländern, Religionen und Zeiten unterschiedenen, veränderlichen Wirtschaftsstil, der die Gesellschaft durchseelt.

Und so spannt der Theoretiker Sombart drei historische Großpanoramen auf (Vor-, Früh- und Hochkapitalismus), denen der Soziologe Sombart drei vorherrschende Weltbilder zuordnet, vor deren Hintergrund der Historiker Sombart wirtschaftsgeschichtliche Prozesse schildert, die der Kulturwissenschaftler Sombart mit unendlich vielen Nachweisen aus Almanachen, Reiseberichten, Haushaltsbüchern oder Memoiren würzt. Sombarts Wirtschaftsgeschichte ist daher zugleich statisch und prozesshaft, einordnend und offen, modellhaft und amorph – und von keinem Wirtschaftsgesetz angekränkelt. Die Menschen sind bei ihm eingebettet in eine vorherrschende Lebenskultur, die sie prägt und beeinflusst – und von der sie sich, in ihr verhaftet, allmählich lösen. Ob und inwieweit sich dabei die Theorie den empirischen Nachweisen verdankt oder die Einzelfunde sich der Theorie unterordnen, lässt sich nicht feststellen.

Gewiss, der große Joseph Schumpeter hat bemerkt, dass Sombart vor lauter Theorieschwäche dem Impressionismus zuneige; dass er skizziere, Gesichtspunkte ausstreue, mit Blickpunkten und Formulierungen experimentiere – und dass ihm bei alledem nichts gleichgültiger sei als eine Unstimmigkeit. Und doch wusste Schumpeter ihn eben dafür zu schätzen: Der schiere Reichtum seiner Beobachtungen, deren Wert und Zweck im Widerspruch liege, den sie hervorriefen, bringe ihn zu dem Schluss, dass „unsere Zeit keinen zweiten Wurf dieser Art aufzuweisen hat".

Sombarts opulenter Schreibstil, seine weitherzige Auslegung von Quellen, seine blühenden Deutungen, die ganze verschwenderische Art seiner Wissenschaftsprosa wurzeln in einem überreich ausgestatteten Leben. Sombart reift im großbourgeoisen Überfluss heran. Sein Vater war vom Landvermesser zum Zuckerindustriellen, Rittergutsbesitzer und preußischen Abgeordneten avanciert. Klein Werner wächst „im Reichtum, im Genussleben der Großstadt auf", wie sein Doktorvater Gustav Schmoller einmal bemerkte: „Alle Bildungsmittel der Zeit standen ihm zur Verfügung." Sombart macht reichlich Gebrauch von ihnen. Bereits auf dem Wilhelmsgymnasium in Berlin entschließt er sich, entzündet von antiken Autoren, Goethe und speziell von dessen „Faust", sein Leben der „Freiheit meiner Individualität" zu widmen.

Sombart studiert in Berlin, Pisa und Rom, er logiert in den besten Vierteln, vom Vater reich ausgestattet mit einem festen Jahreskonto von 3000 Mark, er träumt von einem paternalistischen Dasein als Gutsbesitzer „inmitten treuherziger Leute" und von der „Befreiung der gedrückten Klassen". Mit 25 promoviert er über „Die römische Campagna" – die Dissertation ist so etwas wie seine Programmschrift. Sombart preist das natürliche Bauernleben und möchte die „dahindösenden Hinterwäldner" zugleich „aus der Nacht des Aberglaubens" reißen; er klagt den italienischen Adel an, seine sozialen Pflichten nicht zu erfüllen, verurteilt die Proletarisierung der Bevölkerung und macht sich für ein übergeordnetes Gesamtinteresse stark. Der Traum vom Staatssozialismus, die Fortschrittsidee, die Kultur- und Kapitalismuskritik – fast alle Themen, mit denen sich Sombart in den nächsten fünf Jahrzehnten beschäftigen wird, sind in seiner ersten Studie vorbereitet.

Nach seiner Berufung zum außerordentlichen Professor in Breslau (1890) wird Sombart schnell zu einer Berühmtheit: Er ist der Erste, der Karl Marx in „Sozialismus und soziale Bewegung" wissenschaftlich respektabel macht, sich in unzähligen Schriften an dessen Theoriegebäude abarbeitet. Sombart schätzt an Marx, dass „kein Gran Ethik" seine Schriften trübt, er teilt Marx' Analyse politischer Klassen und deutet wie dieser den Kapitalismus als unaufhaltsamen Prozess – aber er lehnt dessen Revolutionspathos ab und möchte die prognostizierten Konflikte rechtsstaatlich gelöst wissen. Beeinflusst vom positivistischen Fortschrittsgeist und beeindruckt von der schieren Kraft der industriellen Revolution, geht es ihm um die sozialreformerische „Hebung der Arbeiterklasse im Rahmen der kapitalistischen Wirtschaftsorganisation" – weshalb er der SPD im hohen Ton des Tragikers rät, sich davor zu hüten, „mit notorisch niedergehenden Klassen… einen Kompromiß einzugehen".

Nach der Jahrhundertwende klingt das ganz anders. Sombart beklagt den Niedergang des Handwerks als Prozess der Entpersönlichung und den Vormarsch der Technik als Siegeszug der „Asphaltkultur". Der Kapitalismus „hat uns die Masse beschert", so sein Lamento, „er hat unser Leben der inneren Ruhe beraubt, er hat uns der Natur entfremdet, die Welt in ein Rechenexempel" aufgelöst und „die große Masse der Bevölkerung in ein sklavenartiges Verhältnis der Abhängigkeit von einer geringen Anzahl von Unternehmern gebracht".

Legt Sombart hier eine 180-Grad-Wende hin? Die meisten seiner Rezensenten sehen das so – und sie übersehen dabei das Entscheidende: Sombart hat die Ambivalenzen des Kapitalismus von Anfang an klar gesehen. Was sich ändert, ist, dass er die kulturzersetzenden Nebenkosten der modernen Wirtschaftsform zunehmend hoch veranschlagt und dass sein Empfinden für die Verluste wächst, die mit dem Vormarsch des „kapitalistischen Geistes" einhergehen. Anders gesagt: Sombart deutet den Kapitalismus zunächst faustisch-tragisch, später melancholisch-mephistophelisch.

Sombart hat die Entstehung dieses „Geistes", anders als Max Weber, nicht mit dem Protestantismus verbunden, sondern mit dem Judentum; er sieht ihn nicht im 17. Jahrhundert in Nordeuropa heraufziehen, sondern – historisch richtiger – im Südeuropa des 15. und 16. Jahrhunderts; er verknüpft ihn nicht (nur) mit dem Bewährungsgedanken, sondern mit der „Fremdheit", der „räumlichen Verbreitung" und der gewerberechtlichen Diskriminierung der Juden, kurz: mit der These von der jüdischen Diaspora und der dadurch bedingten Konzentration der Juden „auf den Handel und dessen Sublimierung im reinen Geldgeschäft". Was Sombart von Weber unterscheidet, ist also nicht eine damals modische religionssoziologische Perspektive, sondern die Akzentuierung einer kollektiven Psyche. Sie findet in beeindruckend schlichten Sätzen wie „Der Jude sieht sehr scharf, aber er schaut nicht viel." („Die Juden und das Wirtschaftsleben", 1911) ihren Ausdruck und lässt sich bei Bedarf auch gegen die „hedonistische, berechnende, gemeine" Zivilisation der Briten wenden, gegen die Sombart die „Deutschheit" in Stellung bringt, die mit „Faust und Zarathustra und Beethoven-Partitur in den Schützengräben" einen Schicksalskampf ausficht („Händler und Helden", 1915).

Kein Wunder, dass Sombart Widerspruch erntet. Den Historikern war sein „Geist" zu abstrakt, den Soziologen sein Quellenreichtum zu unsystematisch, den Ökonomen fehlten Formeln und Gesetze – und ihnen allen gemein war, dass sie die aristokratische Eleganz seiner Schreibe ablehnten. Mit den

Marxisten verband Sombart der Wille zur Gesellschaftstheorie; was ihn von den Marxisten trennte, war die kulturelle Begründung seiner Lehre. Was ihn mit der historischen Schule Schmollers verband, war die Überzeugung, dass es keine unveränderlichen Gesetze menschlichen Handelns gebe, weshalb die Ökonomie vor allem ihre veränderliche Rolle im Kollektiv des Staates und der Gesellschaft in den Blick zu nehmen habe; was ihn von Schmoller trennte, war sein Wille zur psychosozialen Modellierung von Idealtypen und zur atmosphärisch-wesenhaften Stilisierung von geschichtlichen Epochen.

Mit der klassischen Nationalökonomie wiederum verband Sombart rein gar nichts: Die Formelhaftigkeit einer „Ceteris-Paribus"-Ökonomie lehnte er als ebenso weltfremd ab wie die Vorstellung ewiger Harmoniegesetze. Sombart wollte von „lebendigen Menschen" erzählen, die er weder zum Triebbündel degradierte noch hinter Algebra zum Verschwinden brachte. Er verstand Ökonomie nicht als formalgesetzliche Effizienzlehre, sondern als Wissenschaft von gesellschaftspolitischer Relevanz: Seine Lehre sollte sich durch sozialwissenschaftliche Bedeutung auszeichnen, nicht durch mathematische Exzellenz. Kurzum: Sombart wollte den Kapitalismus verstehen, nicht erklären.

Freilich, seine Nähe zum Marxismus, seine methodische Freiheit, seine national gefärbte Zivilisationskritik und seine rassisch getrübte Typologie – das alles führte ihn in die akademische Isolation. Erst 1918, im Alter von 55 Jahren, erhielt Sombart einen Ruf an die Universität Berlin. Andererseits stieg er in den Zwanzigerjahren zum führenden Theoretiker des Kapitalismus auf. Seine Schriften erlebten hohe Auflagen, seine Thesen wurden heftig diskutiert, und sein enormes institutionelles Engagement – etwa als Vorstand im Verein für Socialpolitik, in der Gesellschaft für soziale Reform oder in der Deutschen Gesellschaft für Soziologie – begünstigte seine Popularität als Redner, ehe er sich in seinen Siebzigern, anfangs sympathisierend, anbiedernd und auf Einfluss hoffend, später enttäuscht und auf Abstand bedacht, mit den „Hakenkreuzlern" arrangierte.

An der Aktualität seines Versuchs, die Existenz eines „kapitalistischen Geistes" aufzuweisen, ändert das nichts, im Gegenteil: Dieser Geist weht uns als „Diktat der Zahl" und als „Herrschaft des Geldes" heute heftiger denn je an. Die bleibende Leistung Sombarts besteht demnach darin, dass er – quer zur naiv-unhistorischen (und normativen) Erzählung der klassischen Nationalökonomie von der Arbeitsteilung als Urszene des Kapitalismus – die Genesis der kapitalistischen Gesinnung nachzeichnet und den Rationalisierungsprozess ohne ethisches Sentiment, mit gleichsam notarieller Neutralität dingfest macht. Mehr noch: Sombart öffnet uns nicht nur die Augen dafür, dass es immer der „Geist" ist, der der Zeit ihr Gepräge gibt, sondern auch der Geist der Zeit, dem wir unser (eingeschränktes) Nachdenken über sie verdanken – als Gefangene unserer Wirtschaftsgesinnung. Wem das zu theoretisch ist, der erfreue sich zum Beispiel an Sombarts plastischer Schilderung des Frühkapitalismus, also jener Phase des Übergangs, während der sich die kapitalistische Wirtschaftsgesinnung (Stadt, Geld, anonyme Geschäftsbeziehung, Erwerbsprinzip) innerhalb der feudalistischen (Land, Naturalien, Personalität, Nahrungsprinzip) gegen diese durchsetzt. Die Originalität, mit der Sombart die Geburt des Kapitalismus aus dem Geist der Verschwendung beschreibt, wie er konsumfreudige Könige und tandverliebte Hofdamen die kapitalistische Wirtschaft auf Trab bringen und rund um Paläste, Burgen und Villen die moderne Stadt entstehen lässt, wie er die Verwöhnung der Kurtisanen zum Zellkern des Fernhandels erklärt (Seide!) und das Prachtbedürfnis Madame de Pompadours zum Nukleus der Textilindustrie – das ist und bleibt ganz großes Wirtschaftskino.

••

ZITATE

„Der Sinn der Vorgänge in der kapitalistischen Wirtschaft ist die Bedarfsbefriedigung durch die Vermittlung des Marktes zwecks Gewinnerzielung in Betrieben."

„Bisher stand die Persönlichkeit an erster Stelle, in Zukunft wird die Organisation und das System an die erste Stelle treten."

„An Roastbeaf und Apple-Pie wurden [in Amerika] alle sozialistischen Utopien zuschanden."

„Die Nationalökonomie soll eine Wissenschaft und keine Heilslehre, eine Wissenschaft und doch keine Naturwissenschaft sein. Wie sie diese ihr gestellte Aufgabe zu lösen vermag, habe ich durch mein Lebenswerk zu zeigen versucht."

••

Literatur

Der moderne Kapitalismus (1927). Sombarts dreibändiges Hauptwerk. Eine hochgelehrte Biografie des „kapitalistischen Geistes". Und eine höchst unterhaltsame Sammlung von Monografien, in denen unter anderem die Geschichte der Stadt, der Technik, der Industrie, der Organisation, des Verkehrswesens, des Handels, des Geldes und der Kapitalbildung seit dem Mittelalter geschildert wird. Auch als sechsbändiger Paperback-Nachdruck aus dem Jahre 1991 nur noch antiquarisch erhältlich.

Der Bourgeois (1913). Sombarts „Geistesgeschichte des modernen Wirtschaftsmenschen". Ein Klassiker. Enthält die Grundzüge von Sombarts Typologie der „Gesinnungen" (Duncker & Humblot).

Liebe, Luxus und Kapitalismus (1913). Sombarts originellster Gedanke: die Geburt des Kapitalismus aus dem Geist der Verschwendung. Nicht das schaffende Bürgertum, sondern konsumfreudige Könige und tandverliebte Hofdamen bringen zwischen dem 16. und 18. Jahrhundert die Wirtschaft auf Trab. Nur antiquarisch erhältlich.

Händler und Helden (1915). Sombarts „patriotische Gesinnungen". Ein erschütterndes Dokument des deutschen Chauvinismus – und ein lehrreiches Zeugnis, auf welche Abwege Kulturideen führen können. Nur antiquarisch erhältlich.

Die drei Nationalökonomien (1930). Sombarts methodologisches Vermächtnis. Ablehnung einer richtend-moralischen Ökonomie (Kathersozialismus) und einer ordnend-mathematischen (Smith, Ricardo). Grundlegung seines verstehenden, historisch-soziologischen Wissenschaftsverständnisses (Duncker & Humblot).

Sekundärliteratur: Friedrich Lenger hat 1994 eine gute, wenn auch weitschweifige **Biografie** über Werner Sombart geschrieben, die allerdings nur noch antiquarisch erhältlich ist. Zwei Jahre älter ist die nach wie vor empfehlenswerte Einführung in Sombarts Hauptwerk von Michael Appel, der auch das wissenschaftliche Bezugsfeld (Schmoller, Weber, Tönnies) ausleuchtet: **Werner Sombart. Historiker und Theoretiker des modernen Kapitalismus** (Metropolis Verlag).

Der Unbeugsame – Ludwig von Mises

Mit seinen Analysen zur Ursache von Konjunkturzyklen, dem Plädoyer für freies Marktgeld und der vernichtenden Kritik an staatlichen Eingriffen in den Markt war **Ludwig von Mises** der wichtigste Vertreter der österreichischen Schule der Nationalökonomie – und einer der brillantesten Denker des 20. Jahrhunderts.

Fragt man fünf Ökonomen nach den Ursachen der Finanzkrise, erhält man oft fünf verschiedene Antworten. Doch in einer Sache sind sich alle Vertreter der Zunft einig: Niemand habe die Krise vorhersehen können. Wirklich nicht? Oh doch! Man hätte nur die Werke eines Ökonomen lesen müssen, der zwar schon seit knapp 40 Jahren tot ist, dessen Ideen und Theorien aber so aktuell sind wie nie zuvor. Die Rede ist von Ludwig von Mises.

Der österreichische Ökonom hat in seinen Arbeiten zur Geld- und Konjunkturtheorie bereits in den Zwanzigerjahren gezeigt, wie eine übermäßige Geld- und Kreditexpansion eine mit Fehlinvestitionen verbundene Blase auslöst, deren Platzen die Zentralbank dann mit noch mehr Geld und Kredit zu noch niedrigeren Zinsen zu bekämpfen versucht, was weitere Boom-Bust-Zyklen auslöst.

Mises' Theorie fand in Fachkreisen zunächst große Anerkennung, geriet dann jedoch durch das Vordringen der staatsinterventionistischen Lehren des britischen Ökonomen John Maynard Keynes ab Mitte der Dreißigerjahre in den Hintergrund. Seit Ende der Neunzigerjahre ist das Interesse an von Mises und der österreichischen Schule der Nationalökonomie, dessen herausragender Vertreter er war, neu erwacht. Mises' Œuvre geht dabei weit über die Geld- und Konjunkturtheorie hinaus. Er zeigte, dass der Sozialismus zum Scheitern verurteilt ist und der Kapitalismus die einzig geeignete Wirtschaftsform für eine freie Gesellschaft darstellt. In seinem Opus magnum „Human Action" entwickelte Mises unter Rückgriff auf die erkenntnistheoretischen Arbeiten von Immanuel Kant eine Theorie der Logik menschlichen Handelns, in die er die Ökonomie als Teildisziplin einbettete.

Ludwig Heinrich Edler von Mises wurde am 29. September 1881 in Lemberg geboren, einer Stadt im damaligen Österreich-Ungarn (heute Ukraine). Er war noch ein Kind, als sein Vater, der im österreichischen Eisenbahnministerium arbeitete, mit der Familie nach Wien übersiedelte. Nach dem Besuch des humanistischen Gymnasiums entschloss sich Mises, Rechtswissenschaften in Wien zu studieren. Dies war damals die einzige Möglichkeit, Vorlesungen in Ökonomie zu belegen. Unter dem Einfluss des Marxisten Carl Grünberg wurde Mises dort zunächst in der Tradition der Historischen Schule ausgebildet, deren Vertreter sich als Sozialingenieure verstanden, die praktische Lösungen für die sozialen Probleme ihrer Zeit entwickelten. Im Zentrum stand für sie das Kollektiv. Entsprechend sprachen sie dem Staat die Aufgabe zu, korrigierend in die Wirtschaft einzugreifen. Eine übergreifende Wirtschaftstheorie lehnten sie ab, stattdessen betteten sie die Analyse in den historischen Kontext ein.

Doch dann stieß Mises auf die Werke von Carl Menger (1840–1921), dem Gründer der Österreichischen Schule. Menger stand mit der Historischen Schule auf Kriegsfuß. Er vertrat die Auffassung, dass es sehr wohl ökonomische Gesetzmäßigkeiten gibt, die sich durch logisch-deduktive Überlegungen herleiten lassen. Statt des Kollektivs stellte Menger den einzelnen Menschen in den Mittelpunkt. Das menschliche Handeln sah er auf die Befriedigung der eigenen Bedürfnisse ausgerichtet. Seiner subjektivistischen Sichtweise entsprechend, leitete er den Wert eines Gutes aus dem Nutzen ab, den eine zusätzliche Einheit dem Käufer liefert. Menger wurde zum geistigen Vater der Grenznutzenlehre und Auslöser der marginalistischen Revolution.

Fasziniert von Mengers Lehren besuchte Mises das Seminar von Eugen von Böhm-Bawerk, einem Schüler Mengers. Böhm-Bawerk entwickelte Mengers subjektivistischen Ansatz weiter, indem er den Faktor Zeit in das menschliche Handeln einfügte. Er argumentierte, dass Menschen ihre Ziele lieber heute als morgen erreichen. Diese Präferenz für das Hier und Jetzt gilt auch für den Konsum. Deshalb verlangen die Menschen Zinsen, wenn sie auf heutigen Konsum verzichten und Ersparnisse bilden. Je höher die Vorliebe für Gegenwartskonsum, desto höher der Zins. Dieser lässt sich als Zeitpräferenzrate interpretieren.

Nach seiner Promotion 1906 arbeitete Mises einige Jahre als Rechtsanwalt in einer Wiener Sozietät, bevor er 1909 bei der Handelskammer Wien anheuerte. Dort arbeitete er für die folgenden 25 Jahre. Neben seiner Arbeit besuchte er weiter das Seminar von Böhm-Bawerk und arbeitete an seiner Habilitationsschrift, die er 1912 unter dem Titel „Theorie des Geldes und der Umlaufsmittel" veröffentlichte. Es wurde ein Meilenstein der Geldtheorie.

Mises verband darin die klassische Geldtheorie mit der Grenznutzenlehre Mengers und gab ihr so eine mikroökonomische Fundierung. Dabei behandelte er Geld als ein Gut wie jedes andere. Sein Preis wird durch Angebot und Nachfrage bestimmt, wobei der Preis in seiner Kaufkraft besteht. Da die

Nachfrage nach Geld ihrerseits durch dessen Kaufkraft bestimmt wird, entsteht eine wechselseitige Kausalität (Österreichischer Zirkel), für die es keine logische Lösung zu geben schien.

In seinem Regressionstheorem bot Mises einen Ausweg, indem er auf der Zeitschiene argumentierte. Er zeigte, dass sich die Nachfrage nach Geld heute durch dessen Kaufkraft am Vortag erklären lässt. Die Kaufkraft wiederum erklärte sich durch Angebot und Nachfrage, wobei Letztere von der Kaufkraft des Geldes am Vorvortag abhing, und so weiter. Dieser Regress auf die Vergangenheit endet an dem Tag, an dem das Geld am Vortag noch eine Handelsware in einer Gesellschaft mit Tauschwirtschaft gewesen war. Für Mises geht daher der „älteste Geldwert auf den Warenwert des Geldstoffes zurück". Geld ist also historisch in einem freien Marktprozess aus einem physisch-werthaltigen Gut entstanden. Im Umkehrschluss bedeutet dies, dass ungedecktes Papiergeld eine marktwidrige Entwicklung darstellt, die darauf zurückzuführen ist, dass der Staat sich im Laufe der Zeit das Monopol an der Geldproduktion verschafft hat. Auf Dauer, so argwöhnte Mises, könne ein solches Geldsystem nicht bestehen – sondern nur ein Edelmetallstandard.

Mises widerlegte in seiner Geldtheorie die Neutralitätsthese der klassischen Quantitätstheorie. Er wies nach, dass Änderungen des Geldumlaufs nicht nur – wie die Klassiker behaupteten – die Preise, sondern auch die Umlaufgeschwindigkeit sowie das reale Produktionsvolumen beeinflussen. Zudem reagieren die Preise nicht synchron, sondern in unterschiedlichem Tempo und Ausmaß auf Änderungen der Geldmenge. Das verschiebt die Preisrelationen, beeinträchtigt die Signalfunktion der Preise und führt zu Fehlallokationen.

Mises zeigte zudem, dass Inflation nicht alle Wirtschaftssubjekte gleichermaßen trifft, sondern sich in Schüben ausbreitet, wodurch es zu Inflationsgewinnern und -verlierern kommt. Auf der Gewinnerseite stehen der Staat, seine Vertragspartner, die Beamten und die Banken. Sie erhalten das frisch gedruckte Geld als Erste und können Güter und Dienste noch zu vergleichsweise niedrigen Preisen kaufen. Auf der Verliererseite stehen die Bürger und Rentner, die das zusätzlich in Umlauf gebrachte Geld später erhalten, wenn die meisten Güterpreise schon gestiegen sind.

In seiner monetären Konjunkturtheorie verband Mises die Zinstheorie Böhm-Bawerks mit der Idee des natürlichen Zinses des schwedischen Ökonomen Knut Wicksell. Er konnte zeigen, dass eine ausufernde Kredit- und Geldschöpfung ungesunde Boom-Bust-Zyklen auslöst und am Ende das gesamte Währungssystem zerstört.

Wenn Banken Kredite vergeben, die nicht durch Spareinlagen gedeckt sind, produzieren sie neues Geld aus dem Nichts. Das zusätzliche Kreditangebot drückt den Marktzins unter den natürlichen Zins, der durch die Zeitpräferenzrate der Marktakteure bestimmt ist. Dadurch erscheinen auch Investitionsprojekte rentabel, die es bei genauer Betrachtung gar nicht sind. Die Folge ist ein kreditfinanzierter Boom mit zahlreichen Fehlinvestitionen. Die hohe Nachfrage und die zusätzliche Geldmenge treiben die Preise für Güter und Vermögensaktiva in die Höhe.

Der Boom endet, wenn die Bürger an der Party teilhaben wollen. Dann schrauben sie ihren Konsum hoch und fahren ihre Ersparnisse zurück. Kapital wird knapp, und der Marktzins steigt, bis er der Zeitpräferenzrate entspricht. Investitionen, die zuvor noch rentabel erschienen, lohnen sich nicht mehr. Arbeitsplätze gehen verloren, die Wirtschaft stürzt ab.

Mises sieht darin den notwendigen Bereinigungsprozess, der die Wirtschaft wieder ins Gleichgewicht bringt. Die öffentliche Meinung aber verkenne die wahre Ursache der Krise und sehe „in noch mehr Geld und Kredit das einzige Heilmittel gegen das Übel, das durch die Geld- und Kreditexpansion hervorgerufen wurde". Doch der „finale Kollaps" sei nicht zu vermeiden. „Die Alternative ist nur, ob die Krise durch einen freiwilligen Ausstieg aus der Kreditexpansion früher kommt oder ob sie später als totale und finale Katastrophe des Währungssystems eintritt", schreibt Mises.

Der einzige Ausweg sei, die Kreditvergabe der Banken mit einer 100-prozentigen Reservepflicht in Hartgeld (Gold) zu belegen. Mises forderte daher, das staatliche Geldmonopol abzuschaffen und freies Marktgeld zuzulassen, das von Banken und anderen privaten Institutionen ausgegeben wird. Der Wettbewerb führe dazu, dass sich das voll (durch Gold) gedeckte Geld durchsetzt.

Mises' Ideen prägten das Denken vieler seiner Schüler. Nach dem Ersten Weltkrieg, in dem Mises als Artillerieoffizier an der Front kämpfte, nahm er

1918 seinen Dienst in der Handelskammer wieder auf und hielt als außerordentlicher Professor Vorlesungen an der Universität Wien ab.

Von 1920 bis 1934 hielt er in seinem Büro in der Handelskammer jeden zweiten Freitag ein Privatseminar ab. Zu den Teilnehmern zählten berühmte Ökonomen wie Friedrich August von Hayek, Gottfried von Haberler und Oskar Morgenstern, der spätere Begründer der Spieltheorie. Nach mehrstündiger Diskussion in Mises' Büro setzten die Teilnehmer ihre Debatten regelmäßig in einem Restaurant fort und zogen nachts weiter in ein nahes Cafe, um über Ökonomie zu diskutieren.

Mises hoffte damals auf eine feste, voll bezahlte Professorenstelle in Wien. Doch dazu kam es nie, was seine Freunde und Schüler auf drei Faktoren zurückführten: Erstens war Mises vom Laissez-faire-Ideal des Liberalismus überzeugt zu einer Zeit, in der Sozialismus und Faschismus auf dem Vormarsch waren. Zweitens war er unbeugsam in seiner liberalen Haltung. Drittens war er Jude, was die Karriere im zunehmend antisemitischen Österreich erschwerte. Hayek meinte, die Berufungskommission hätte über zwei der drei Punkte hinweggesehen, „aber nie über alle drei".

Mises' kompromisslose Haltung spiegelt sich auch in seinem zweiten großen Werk „Die Gemeinwirtschaft: Untersuchungen über den Sozialismus" von 1922 wider, einer schonungslosen Analyse planwirtschaftlicher Systeme. Mises argumentierte, dass der Sozialismus zwangsläufig scheitern müsse, weil er auf staatlichem Zwang statt auf freiwilligem Austausch auf Märkten beruht. Weil die Preise von Behörden festgelegt sind, spiegeln sie nicht die tatsächlichen Knappheiten wider und sind zur Kalkulation von Kosten und Renditen ungeeignet. Die Folge sind Fehlallokationen und wirtschaftlicher Niedergang.

Das Werk schlug ein wie eine Bombe. Euphorisiert von der russischen Oktoberrevolution hatten viele junge Intellektuelle nach dem Ende des Ersten Weltkriegs den Sozialismus als Weg in eine bessere Zukunft betrachtet. „Dann kam dieses Buch", sagte später Friedrich Hayek, damals selbst noch ein Anhänger sozialistischer Ideen. Auch die Anhänger eines dritten Weges zwischen Kapitalismus und Sozialismus rüttelte Mises aus ihren Träumen. In seiner „Kritik des Interventionismus" zeigte er, dass staatliche Eingriffe in den Markt keine Probleme lösen, sondern neue schaffen, auf die der Staat mit immer weiteren Interventionen reagiert. Der Dirigismus führt am Ende in den Sozialismus. Für Mises ist daher der Kapitalismus die einzig richtige Wirtschaftsform für eine freie Gesellschaft.

Mises' Streitschriften gegen den überbordenden Staat gaben der Österreichischen Schule ihre entscheidende Prägung als marktliberale Lehre. Da er sich damals gegen den Zeitgeist für freie Märkte in die Bresche warf, galt er vielen Zeitgenossen als „letzter Ritter des Liberalismus". Dass dabei zuweilen sein aufbrausender Charakter mit ihm durchging, bekamen auch liberale Zeitgenossen zu spüren. Auf einer Sitzung der liberalen Mont-Pelerin-Gesellschaft, zu deren Mitgründern Mises zählte, sprang er einmal auf und stürmte mit den Worten „Ihr seid alle ein Haufen Sozialisten" aus dem Saal.

1934 folgte der eingefleischte Junggeselle, der bis dahin bei seiner Mutter in Wien gewohnt hatte, dem Ruf als Professor an die Universität Genf, wo er 1938 die Schauspielerin Margit Sereny-Herzfeld heiratete. Wegen des Vordringens des Nationalsozialismus entschlossen sich beide, 1940 nach New York überzusiedeln. 1945 erhielt Mises eine Gastprofessur an der New York University, die er bis 1969 innehatte.

1949 veröffentlichte er sein monumentales Werk „Human Action – A Treatise on Economics". Darin fasst er die Lehren der Österreichischen Schule zusammen und entwickelt eine Theorie der Logik menschlichen Handelns, die er „Praxeologie" nannte. Beeinflusst von den Lehren Immanuel Kants, definiert Mises die Ökonomie als logisch-deduktive Wissenschaft, die aus a priori bekannten Wahrheiten und logischem Denken ihre Erkenntnisse gewinnt. Diese bedürfen Mises zufolge keiner empirischen Überprüfung mehr.

Damit wandte er sich methodologisch gegen den Positivismus, wie ihn Milton Friedman vertrat. Friedman forderte, aus der ökonomischen Theorie Hypothesen abzuleiten und diese empirisch zu überprüfen. Mises dagegen betrachtete die Empirie eher als das Sammeln von vergangenheitsbezogenen Daten, die sich allenfalls zur Geschichtsschreibung eigneten. Statt zu rechnen, sollten die Ökonomen lieber denken, um Erkenntnisse zu gewinnen. In diesem Zusammenhang lehnte Mises die Anwendung der Mathematik in der ökonomischen Forschung als eine „vollkommen teuflische Methode ab, die von falschen Annahmen ausgeht und zu fehlerhaften Schlussfolgerungen führt". Darauf entgegnete Friedman, wenn alle Ökonomen Praxeologen wären, ließen sich ökonomische Fragen nur im Faustkampf lösen.

In den vergangenen Jahrzehnten ist die Ökonomie dem empiristischen Postulat Friedmans gefolgt und hat sich den Naturwissenschaften angenähert. Allerdings haben das Scheitern der mathematischen Modelle neoklassischer und neukeynesianischer Provenienz bei der Erklärung der Finanzkrise und das wachsende Unbehagen darüber, dass sich die Ökonomie zunehmend zum Sammelbecken für gescheiterte Mathematiker entwickelt, das Interesse an den Forschungsansätzen der Österreichischen Schule steigen lassen.

Nach Mises' Tod 1973 hat dessen Schüler Murray Rothbard die Österreichische Schule auf die Spitze getrieben. Er entwickelte einen naturrechtlich begründeten Liberalismus, der sogar staatliche Institutionen ablehnt. Das 1982 gegründete Ludwig-von-Mises-Institut in Auburn im US-Bundesstaat Alabama steht in der Tradition der Rothbard'schen Interpretation des Werkes von Mises. Das politische Pendant zu Rothbards radikal-libertärem Anarchokapitalismus ist in den USA die Tea-Party-Bewegung.

Ob Mises Rothbard gefolgt wäre, mag dahingestellt bleiben. Für Mises hatte „Liberalismus mit Anarchismus nicht das Geringste zu tun". Doch hat auch er die „Aufgaben, die die liberale Lehre dem Staat zuweist", mit dem Schutz des Eigentums, der Freiheit und des Friedens eng definiert.

● ●

ZITATE

„Das Problem ist immer das gleiche: Markt oder Staat. Es gibt keinen dritten Weg."

„Diejenigen, die mehr staatliche Eingriffe fordern, fordern letztlich mehr Zwang und weniger Freiheit."

„Gewalt und Geld sind machtlos gegen Ideen."

„Das Gold ist nicht um seines Glanzes oder anderer physikalischer und chemischer Eigenschaften willen Währungsgeld, sondern weil Vermehrung und Verminderung seiner Menge von den Befehlen der politischen Mächte unabhängig sind."

„Es gibt kein stabiles Geld in einem politischen Klima, das gegen die wirtschaftliche Freiheit gerichtet ist."

„Die regierenden Parteien werden sicherlich keine Reformen beschließen, die sie ihrer furchtbarsten Waffe berauben: Inflation."

• •

Literatur ☞

Theorie des Geldes und der Umlaufsmittel (1912). In seinem ersten großen Werk wandte Mises die Grenznutzenlehre Mengers auf die Geldtheorie an und gab dieser so eine mikroökonomische Fundierung. Er zeigte, dass Geld seinen Ursprung in einer Handelsware hat. Die 1953 veröffentlichte englische Ausgabe von „The Theory of Money and Credit" ergänzte Mises um ein Kapitel, in dem er den Übergang zum freien Marktgeld empfahl.

Die Gemeinwirtschaft: Untersuchungen über den Sozialismus (1922). Mises Generalabrechnung mit der Planwirtschaft erschien Anfang der Zwanzigerjahre in einem politischen Klima, das von der Faszination vieler Intellektueller von der bolschewistischen Revolution in Russland geprägt war. Mises argumentiert, dass der Sozialismus scheitern muss, weil die Preise von staatlichen Instanzen gesetzt werden und nicht die tatsächlichen Knappheiten widerspiegeln. Viele junge Ökonomen korrigierten nach der Lektüre des Werkes ihre positive Einstellung gegenüber dem Sozialismus.

Human Action: A Treatise on Economics (1949). Für viele Mises-Anhänger ist dieses Werk die Krönung seines Schaffens. Mises fasst darin die Lehren der Österreichischen Schule systematisch zusammen und entwickelt eine umfassende Theorie des menschlichen Handelns. Methodologisch definiert er die Ökonomie als eine logisch-deduktive Wissenschaft und grenzt sie von den Naturwissenschaften ab. Damit bricht er mit dem empiristisch orientierten ökonomischen Mainstream.

The Last Knight Of Liberalism (2007). Die von dem deutschen Ökonomen Jörg Guido Hülsmann verfasste Mises-Biografie ist das umfassendste und beste Werk über Leben und Arbeit Mises. Das mehr als 1000 Seiten dicke Buch, das über das Ludwig von Mises Institute (http://mises.org/) zu beziehen ist, bietet eine Fülle von Informationen, die die Einordnung der Lehren Mises' in den historischen Kontext und die Ideengeschichte erleichtern.

The Great Austrian Economists (1999). Das vom Ludwig von Mises Institute veröffentlichte Buch bietet einen gut lesbaren Überblick über Leben und Werk der bedeutendsten Ökonomen der Österreichischen Schule in Form von 15 Porträts.

● ●

Der Unermüdliche – Gustav Stolper

Gustav Stolper brachte die Ökonomie zur praktischen Anwendung – als scharfsinniger Analytiker, brillanter Schreiber, begnadeter Redner, gefürchteter Kritiker und gescheiterter Politiker. Mit der Gründung des „Deutschen Volkswirts", dem Vorläufer der WirtschaftsWoche, erfand er den Wirtschaftsjournalismus neu.

War er ein großer Ökonom? Hat er einen Platz in dieser Serie verdient? Gustav Stolper erdachte keine ökonomische Theorie. Die Wissenschaft verdankt ihm keine bahnbrechende Erkenntnis. Er löste keine kniffllige Gleichung, das Stolper-Samuelson-Theorem, das bestimmte Preisentwicklungen in Außenhandel erklärt, geht auf seinen Sohn Wolfgang zurück. Vater Gustav hat es nicht einmal zum ordentlichen Professor an einer Universität gebracht. Stattdessen hatte er einen ausgeprägten Hang zur Politik. Zweimal wäre er in Österreich beinahe in die Regierung eingetreten, in Deutschland schaffte er es 1932 immerhin als Abgeordneter in den Reichstag. Alles in allem aber ist die Geschichte seines Wirkens in Österreich und in Deutschland die Geschichte eines doppelten Scheiterns. So gesehen lautet die Antwort: nein.

Aber andererseits? Sein ganzes Leben hat Gustav Stolper mit großer Leidenschaft der Ökonomie gewidmet. Der Verein für Socialpolitik, der traditionsreichste und renommierteste Zusammenschluss deutscher Volkswirtschaftler, hält die Erinnerung an Stolper jedes Jahr durch die Vergabe eines nach ihm benannten Preises wach, unter anderem an Hans-Werner Sinn (2008), Martin Hellwig (2009) Ernst Fehr (2010) und Otmar Issing (2011).

Erinnert wird damit an einen brillanten Wirtschaftsjournalisten, Verleger und Politiker. Ab 1911 schreibt Stolper für den „Österreichischen Volkswirt", übernimmt das Blatt später. 1926 hebt er in Berlin die Zeitschrift „Der Deutsche Volkswirt" aus der Taufe – ein neuartiges und ungewöhnliches Magazin mit einer Mischung aus akademischen, außen- und wirtschaftspolitischen Themen und Unternehmensanalysen.

Daneben reist Stolper als erfolgreicher Redner durch das Land, ist wie kein Zweiter seiner Zeit vernetzt mit den Spitzen von Regierung und Unternehmen. Er und sein Blatt haben Erfolg – bis 1933. Mehr oder weniger gleichgeschaltet, erscheint das Blatt noch bis 1943 und lebt dann ab 1949 in seiner ursprünglichen Tradition wieder auf. 1970 wird aus dem „Deutschen Volkswirt" die WirtschaftsWoche.

Geboren 1888 in Wien als Kind jüdischer Einwanderer aus Polen, war ihm eine Karriere als Wirtschaftsexperte, Publizist und Politiker nicht in die Wiege gelegt. Schon früh musste er in der Familie Verantwortung übernehmen. Sein Vater, von falschen Ratgebern zur Börsenspekulation verleitet, hatte sein Vermögen im Börsencrash 1895/96 verloren und fand danach nicht mehr ins geregelte Leben zurück. Gustav war damals gerade acht Jahre alt.

Schon mit 13 muss er dazuverdienen, damit es für ihn, die Eltern und seine zwei Schwestern reicht. Weil er in der Volksschule reichlich Einser schreibt, darf er aufs Gymnasium. Im Sommer 1906 belohnt er sich für die Matura mit einer Reise – zu Fuß geht es über die österreichischen Alpen und hinunter bis zum Adriatischen Meer. Finanziert wird das Abenteuer, indem Stolper zwei junge Schüler mit auf den wochenlangen Marsch nimmt und sie auf den Rückweg in Bad Ischl wohlbehütet den Eltern übergibt.

Zurück in Wien, steht für den 18-Jährigen der Berufswunsch fest: „am liebsten Journalist". Er studiert Jura; doch nicht weil ihm das Rechtswesen am Herzen liegt, ihn reizt das Nebenfach Nationalökonomie, das es damals als eigenständige Studienrichtung nicht gab. Nebenher arbeitet er sich in sein Metier ein, verfasst Wirtschafts- und Bilanzanalysen für den „Hamburgischen Correspondenten" und den Wiener „Kompaß". Doch „seine Persönlichkeit scheint ihm eines zu verwehren, die Arbeit unter einem oder mehreren Vorgesetzten", wird Jahrzehnte später seine zweite Frau Toni über ihren Mann schreiben und so dauert es auch nicht lange, bis Stolper sein Ziel erreicht. Er übernimmt den „Österreichischen Volkswirt" als Chefredakteur und Verleger in Personalunion.

In Wiener Kaffeehauszirkeln knüpft er ein exquisites Netzwerk mit Denkern und Mächtigen, schreibt an gegen die Missstände seiner Zeit, den Niedergang des österreichisch-ungarischen Kaiserreichs, die aufziehende Kriegsgefahr. Nach dem verlorenen Ersten Weltkrieg begeistert er sich für den Anschluss Österreichs an Deutschland, gründet hierfür sogar eine eigene Partei, lernt Friedrich Naumann kennen und freundet sich mit Theodor Heuss an. Aufgrund seiner scharfen ökonomischen Urteilskraft steht er zweimal kurz davor, selbst in die Regierung einzutreten, als Staatssekretär im Wirtschaftsministerium und später als Finanzminister. Doch beide Male wird nichts daraus.

Bald wird ihm der Wiener Kosmos zu klein, er wechselt nach Berlin. 1926 gründet er dort den „Deutschen Volkswirt". Namhafte Ökonomen wie Joseph Schumpeter und Alexander Rüstow kommen darin zu Wort. Die journalistische Unabhängigkeit sichert das im Heimatland erprobte Prinzip: Die

Abonnements sichern die Kosten, die Anzeigen bringen Gewinn. So schreibt Stolper an gegen die große Depression, kurzsichtige Wirtschaftspolitik, den Versailler Vertrag, gegen die Unheil bringende Sparpolitik des Reichskanzlers Brüning und die Inflationspolitik des John Maynard Keynes, vor allem aber gegen die Nationalsozialisten. Er engagiert sich für die Deutsche Demokratische Partei, zieht 1930 in den Reichstag ein. Noch in der Wahlnacht im März 1933 wird ihm klar: „Wir wandern aus. Dem Hitler tue ich nicht die Ehre an, unter ihm zu leben!" Von den Nazis bedroht, muss Stolper den Verlag für ein Spottgeld verkaufen, befreundete Banker sichern mit einem Beratervertrag den Start im amerikanischen Exil.

Ein amerikanischer „Volkswirt" wird mit dem inzwischen in Havard lehrenden Schumpeter erörtert, die Idee nie begraben, aber auch nie verwirklicht. Stattdessen lebt Stolper ganz ordentlich von ökonomischen Analysen und Kommentaren, die er im Auftrag europäischer Banken und Finanzinvestoren verfasst. Er schreibt für „Foreign Affairs", „Harvard Business Review", hält teils gut bezahlte Vorträge und betätigt sich sogar als Vermögensverwalter.

Nach dem Krieg kehrt Stolper nach Deutschland zurück, als Berater von Ex-Präsident Herbert Hoover, der Deutschland wirtschaftlich wieder zum Leben erwecken soll. Stolper fasst seine Erfahrungen in dem Buch „German Realities" zusammen. Das letzte Kapital fehlt – er stirbt in den USA an den Folgen eines Schlaganfalls, am Tag bevor er es seiner Frau Toni diktieren wollte.

● ●

ZITATE

„Wir stehen vor der Entscheidung, ob und wo wir im Frieden diktieren wollen und können. In der kapitalistischen Wirtschaft ist der Konsument Diktator, ihm hat die Produktion zu gehorchen. Entscheiden wir uns für Planwirtschaft, dann diktiert die Produktion dem Konsumenten. Es wäre das Ende der persönlichen Freiheit."

„Die Sozialdemokraten wollen die Besitzenden proletarisieren, wir wollen die Proletarier zu Besitzenden machen."

„Das Weekly ... wendet sich an Leute, die keine Zeit haben, eine große Tageszeitung regelmäßig und ausführlich zu verfolgen und denen man einmal in der Woche Gelegenheit gibt, in gut pointierter, sachlich hiebfester Form einen Überblick über die wichtigen Zeitereignisse zu gewinnen.“

●●

Literatur

●●

Gustav Stolper: **Die Deutsche Wirklichkeit – Ein Beitrag zum künftigen Frieden Europas** (Claassen & Goverts), eine 1949 veröffentlichte Analyse über die Situation Nachkriegsdeutschlands.

Gustav Stolper, Karl Häuser, Knut Borchardt: **Deutsche Wirtschaft seit 1870** (Mohr/Siebeck), ein wirtschaftshistorisches Werk Stolpers, das posthum 1964 erschien.

Toni Stolper: **Ein Leben in Brennpunkten unserer Zeit** (Klett); eine von Stolpers Ehefrau verfasste Biografie des Ökonomen und Publizisten.

●●●

Die Zivilisationsmaschine – Joseph Schumpeter

Joseph Schumpeter hat Adam Smith überwunden, Karl Marx Lügen gestraft und ein Forscherleben lang das Grundgesetz des Kapitalismus erforscht: ewiger Wandel durch „schöpferische Zerstörung". Keiner hat so klar gesehen wie er, dass in seinen Krisen nicht nur der Kapitalismus selbst auf dem Spiel steht, sondern auch die Atmosphäre des Fortschritts, in der er gedeiht.

Die Bedeutung einer Legende besteht nicht darin, dass sie die ganze Wahrheit erzählt, sondern darin, dass sie einen Sachverhalt bis zur Kenntlichkeit zuspitzt. Um das Leben von Joseph Schumpeter ranken sich zahllose Legenden. Eine handelt von seinem Ehrgeiz, seinem Selbstwertgefühl und seinen drei Daseinszielen; er selbst soll sie im Herbst seines Lebens immer wieder zum Besten gegeben haben. Als junger Mann, so Schumpeter über Schumpeter, habe er der größte Ökonom der Welt sein wollen, der erste Reiter Österreichs und der beste Liebhaber Wiens. Heute, alt genug, um Bilanz zu ziehen, müsse er feststellen: Die Sache mit den Pferden habe nicht geklappt.

Der größte Ökonom des 20. Jahrhunderts aber war er zweifellos. Schumpeter hat uns heute so geläufige Begriffe wie „Innovation", „Wagniskapital" und „Firmenstrategie" hinterlassen, die starke Metapher der „schöpferischen Zerstörung" erfunden und den drei Produktionsfaktoren der Klassiker (Boden, Arbeit, Kapital) einen vierten hinzugefügt: das Unternehmertum. Praktisch im Vorübergehen hat er dabei das Kreativitätsprinzip geboren, der Management-Theorie Pate gestanden und das Genre der Firmengeschichte aus der Taufe gehoben. Vor allem aber hat Schumpeter Wirtschaftsgeschichte geschrieben, im doppelten Sinn des Wortes: als kühner Neuerer seiner Zunft – und als brillanter Analytiker des Industriezeitalters. Schumpeter hat Adam Smith überwunden, Karl Marx Lügen gestraft und als Zeitzeuge von Fließbandfertigung, Massenkonsum, Weltkrieg, Weltwirtschaftskrise und Wohlstandsexpansion eine Morphologie des modernen Kapitalismus vorgelegt, deren Gültigkeit bis weit hinein in unser Internet-Zeitalter reicht.

Sein vielleicht wichtigster Beitrag zur „Geschichte der ökonomischen Analyse", so der Titel seines letzten Buches, besteht jedoch ironischerweise darin, dass Schumpeter bei aller Pionierarbeit keine „Schule" begründet hat. Schumpeter war ein Einspruchsdenker, ein Mann, der sich Zeit seines Lebens gegen die ökonomische Mode stellte und sich selbst gern ins Wort fiel. Er dachte in Prozessen, nicht in Modellen, weil er von der unerschöpflichen Energie der „kapitalistischen Maschine" überzeugt war und vom „ewigen Sturm" des wirtschaftlichen Wandels. Er verstand die moderne Wirtschaftsordnung als evolutionäre Entwicklung ohne Endpunkt, als Fortschritt ohne Ziel, als infiniten Progress, ständig in Bewegung dank revolutionärer Einmalerfindungen und ruckartiger Innovationsschübe. Entsprechend begriff er auch seine Wissenschaft: als offenen Erkenntnisweg und dauernden Versuch, „analytische Gebäude in nimmer endender Form" aufzubauen, auszubauen – und niederzureißen.

Weil der Kapitalismus für ihn nicht nur ein Wirtschaftssystem darstellte, sondern eine „Kulturform", bezog er systematisch Erkenntnisse aus Geschichte, Soziologie und Psychologie in seine Forschung ein – und bastelte sein Gelehrtenleben lang an einem großen, interdisziplinären Gesamtkunstwerk über das Wesen und die Struktur des Kapitalismus. Seine vieltausend Seiten umfassenden Bücher, Aufsätze und Artikel lesen sich wie ein historisch ausgreifender Gesellschaftsroman, der unendlich vielen scharfsinnigen Beobachtungen auf den Grund geht und sich über vier Jahrzehnte hinweg langsam zu einem hochkomplexen, Mathematik und Methode mit sozialwissenschaftlicher Kompetenz verbindenden Œvre rundet, dessen Gelehrtheit, Reflexionskraft und Vielschichtigkeit die Generation Business School unendlich beschämt.

Es zeichnet Schumpeter aus, dass er Zeit seines Lebens und posthum sowohl von Liberalen (Friedrich August von Hayek) als auch von Marxisten (Paul Sweezy) bewundert wurde – und dass sein größter Schüler, Nobelpreisträger Paul Samuelson, als strenger Statistiker Karriere machte. Mit der schieren Breite seines geistigen Horizonts gründete er „die einzige Art von Schule, die einer wissenschaftlichen Disziplin angemessen ist, nämlich eine Generation von Wirtschaftstheoretikern, die er mit seinem Unterricht angesteckt hatte" (Samuelson). Heute, sechs Jahrzehnte nach seinem Tod, ist die Faszination, die von seinem Werk ausgeht, vielleicht größer denn je. Der finanzmarktliberale Staatsschuldenkapitalismus hat sich rettungslos verausgabt, die Welt steht vor einer Rezession, die Wirtschaftswissenschaften stecken in einer Identitätskrise – in einer solchen Lage liest man besser nicht am Werk eines Ökonomen vorbei, das sich durch analytische Schärfe und ein Höchstmaß an Widersprüchlichkeit auszeichnet.

Einerseits hat uns Schumpeter eine kapitalistische Welt hinterlassen, die er nicht nur beschrieben, sondern auch geformt hat: Wir haben uns so lange in seinen dynamischen Evolutionsbegriffen eingerichtet und an seinen Fortschrittsideen orientiert, bis sich die Expansionslogik des Kapitalismus zuletzt als eine Art Geschichtsdeterminismus gegen uns selbst wendete, als tragisches

Naturgesetz und böser Systemzwang. Andererseits hat uns Schumpeter mit einem multidisziplinären Denken beschenkt, dessen „ungeschulte" Grenzenlosigkeit allein mit der wachsenden Geschwindigkeit globaler Veränderungsprozesse Schritt zu halten verspricht. Nicht die eine Spiel-, Angebots-, Konjunktur- oder Grenznutzentheorie, sondern Schumpeters kapitalistischer Imperativ – „Denke immer das Neue ins Offene!" – weist uns heute den Weg in eine unbestimmte Zukunft – ganz einfach deshalb, weil wir mit ihr zu rechnen haben.

Als Joseph Schumpeter 1925 im Alter von 43 Jahren zum zweiten Mal heiratete und zum „Professor für wirtschaftliche Staatswissenschaft" an die Universität Bonn berufen wurde, kehrte erstmals in seinem Leben so etwas wie Ruhe ein. Schumpeter hatte zu diesem Zeitpunkt bereits zehn Karrieren hinter sich: als wissenschaftliches Wunderkind und Buchautor, als Investmentbanker und österreichischer Finanzminister, als Anwalt in Kairo und Regierungsberater in Berlin, als Gentleman in London und Lehrbeauftragter in der Bukowina (heute Ukraine) – und als Salonlöwe und Schürzenjäger überall da, wo er auftauchte. So wurzellos sein Leben, so rastlos war sein Geist – angespornt von einer ehrgeizigen Mutter, die „Joszi" nach dem frühen Tod des Vaters aus der mährischen Heimat nach Wien lotste – und von einer tief sitzenden Leidenschaft für Luxus, Vornehmheit und Verschwendung. Ein ganzes Leben lang hat Schumpeter sich gewissermaßen vor sich selbst her getrieben und den Punkt gesucht, von dem aus er seine Bahn ziehen wollte: als Bürgersohn auf dem Theresianum in Wien, wo er Bank an Bank mit Habsburger Adelssprösslingen saß und fünf Fremdsprachen büffelte; als promovierter Uni-Absolvent und Forschungsreisender, der in England die zwölf Jahre ältere Tochter eines Würdenträgers heiratete, um den Umgang mit Dienstboten und Seidentüchern zu erlernen; als arrivierter Professor in Bonn (1925–1932) und Harvard (1932–1950), wo er unbändig viel gelesen, gelehrt und geschrieben hat, sich selbst streng zensierend mit Tagesformnoten – und seit den 1940er Jahren zunehmend ungehalten, düster und sterbensfroh, weil er merkte, dass er nicht mehr so frisch und flexibel war wie in seinem dritten Lebensjahrzehnt, der „heiligen Dekade" seines Lebens.

Die wissenschaftliche Bühne betrat Schumpeter 1911 als vollendeter Meister. Seine „Theorie der wirtschaftlichen Entwicklung" ist der Geniestreich eines 28-Jährigen – in ihr ist fast alles angelegt, was später noch ausdifferenziert werden wollte. Das Werk beginnt mit der 100-seitigen Darstellung einer bewegungslosen Marktwirtschaft, in der eine unsichtbare Hand über einen Kreislauf wacht, der „jahraus, jahrein abläuft", in dem „die Produktion den Bedürfnissen folgt" und Kaufleute sich „in ausgefahrenen Bahnen" bewegen. Erst im zweiten Kapitel wird klar, dass Schumpeter das Panorama dieser statischen Wirtschaft nur deshalb aufspannt, um die Revolution des „dynamisch-energischen" Industriekapitalismus umso effektvoller in Szene zu setzen. Mit kühnen Strichen führt er dazu die Figur des „Führers" ein, der sich „außerhalb der gegebenen Bahn" bewegt, ein „Neuerer", der der Wirtschaft „schöpferisch" gestaltet und ihr „neue Formen" verleiht, ein „Mann der Tat", der nicht „gegebener Nachfrage" folgt, sondern „seine Produkte dem Markte aufdrängt". Dabei wird Schumpeters Unternehmer nicht nur vom Eigennutz und rationalem Kalkül angetrieben, im Gegenteil: Er ähnelt einem „großen, schaffenden Künstler", der beseelt ist vom „Traum und Willen, ein privates Reich" zu gründen: „Solche Männer schaffen, weil sie nicht anders können". Vor allem schaffen sie eine kapitalistische Welt, die von ihren Innovationen laufend umgepflügt wird und die damit ihrem „Wesen nach ein Prozess wirtschaftlichen Wandels" ist.

Schumpeters Kapitalismus-Theorie bringt einen ganz neuen, individualpsychologischen Ton in die Ökonomie. Sie revidiert den Lehrsatz, dass wirtschaftlicher Eigennutz der Hauptantrieb menschlichen Handels sei. Sie verwirft die Annahme eines rational handelnden „homo oeconomicus". Und sie verabschiedet das Harmoniegesetz von Angebot und Nachfrage, weil das Angebot von Entrepeneuren auf sich selbst als Ursache zurück gehe. Kurzum: Schumpeter erklärt das Gleichgewichtsdenken der Klassiker für obsolet. Stabilisierter Kapitalismus sei ein Widerspruch in sich. Sein Tempus sei nicht die Gegenwart, sondern die Zukunft. Seine Modi seien nicht Kreislauf und Wiederkehr, sondern Expansion und Wandel. Sein Geld sei nicht akkumuliertes Vermögen (Kapital), sondern geschöpftes Versprechen (Kredit). Neue Firmen schaffen neue Werte mit neuem Geld – die kapitalistische Revolution besteht für Schumpeter darin, dass sie uns in eine Art dauernde Zukunft katapultiert: Der Unternehmer schafft Produkte, der Bankier produziert Kaufkraft – und beide zusammen schaffen sie einen dynamischen, unabschließbaren Fortschrittsprozess.

Schumpeter wendet gegen Adam Smith ein, im Wesentlichen noch eine vorkapitalistische Welt beschrieben zu haben, und zeiht David Ricardo einen „Stagnationisten". Beide Klassiker hätten „an der Schwelle der großartigsten wirtschaftlichen Entwicklung aller Zeiten" gestanden – und keinen blassen Schimmer davon gehabt, „was die kapitalistische Produktionsmaschine später leisten sollte". Karl Marx wiederum habe zwar die Dynamik des Kapitalismus verstanden, aber nichts von der Psychologie des Wohlstands. Ganz im Gegensatz zu Marx ist der Unternehmer für Schumpeter kein parasitärer Kapitalist, sondern ein „Industriekapitän" – und der Arbeiter nicht „willenlos fremden Zwecken dienstbar", sondern der „größte Interessent der kapitalistischen Wirtschaft". Es stand für ihn völlig außer Frage, dass der Kapitalismus langfristig für steigende Einkommen und sinkende Güterpreise sorgt – und den Lebensstandard der Massen erhöht. Der (gelernte) Arbeiter wachse daher nicht zum Klassenkämpfer heran, sondern zu einem Bürger mit individuellen Konsuminteressen: „Das einheitliche proletarische Klassenbewusstsein ist unzweifelhaft eine Treibhauspflanze und kein natürliches Gewächs."

Grundsätzlich überzeugt von der Leistungsfähigkeit des Kapitalismus, hielt Schumpeter Börsencrashs und Wirtschaftskrisen für vorübergehende Erscheinungen. Er bedauerte sie – aber in etwa so, wie man einen Regentag bedauert. Er selbst hat in den 1920er Jahren als Investor ein Vermögen angehäuft – und bei einem Kursrutsch (1924) verloren. Selbst die Weltwirtschaftskrise 1929 ff. deutete er nicht als Pathologie des Kapitalismus, sondern beinahe gleichmütig als Wellental im konjunkturellen Auf und Ab. Seinem Zeitgenossen John Maynard Keynes warf er vor, seine einflussreiche „Allgemeine Theorie" (Stimulierung der Wirtschaft von außen) mit kurzsichtigem Blick als politische Gebrauchsanweisung verfasst zu haben – eine Gebrauchsanweisung, die noch dazu auf der falschen Vorstellung beruhe, der Kapitalismus sei grundsätzlich sklerotisch geworden. Aus Sicht von Schumpeter hatte sich Keynes damit disqualifiziert. Er selbst mahnte wissenschaftliche Neutralität an, erinnerte an die langfristige Erfolgsgeschichte des Kapitalismus – und machte ganz allgemein geltend, dass die moderne Wirtschaft sich nicht erschöpfen könne, weil zyklischer Wandel mit all seinen „Diskontinuitäten und seismischen Erschütterungen" ihr innerstes Geheimnis sei.

Das Vertrauen von Schumpeter in die Dynamik des Fortschritts war so groß, dass er einen schwach entwickelten Sinn für strukturelle Gefahren hatte, die so manche Umwälzung mit sich brachte. Die damals (wie heute) gängige Kritik an der Macht von Großunternehmen konterte er mit dem Hinweis, dass der Konsument von Grenzeinheiten, Skaleneffekten und Organisationsinnovationen profitiere; selbst Konzerne, ja: Monopole seien nur dazu da, um irgendwann überwunden zu werden. Das klassische Paradigma von der „vollkommenen Konkurrenz" hielt Schumpeter für überschätzt: Im Kapitalismus gehe es selbstverständlich um das Ausnützen von Innovationsvorsprüngen und Marktvorteilen – und um das „Niederkonkurrieren" von Wettbewerbern.

Schumpeter war ein großer Kapitalismustragiker, gewiss, aber seine Tragik hatte Methode. Er fand nichts dabei, dass der Kapitalismus die Reichen bereichert – so lange Unternehmer ihre Einkünfte darauf verwendeten, zu investieren – und den Lebensstandard aller zu erhöhen. Viel größere Sorgen bereitete ihm, dass die Politik die kapitalistische Gans schlachten könnte und der Nachschub an goldenen Eiern zum Erliegen kommt. Alles, was Vergangenheit festschrieb und den Fortschrittsmotor beeinträchtigte; alles, was nicht den Wandel förderte und Innovationen abträglich war; alles, was dem Unternehmertum und der Kredittätigkeit schadete, hat Schumpeter in tagespolitischen Zwischenrufen bekämpft. Als österreichischer Finanzminister (1919) wetterte er gegen den Friedensvertrag von Saint-Germain – er würge die Wirtschaftstätigkeit ab und bedeute das „Todesurteil" für sein Land. Als Kolumnist des „Volkswirts" (1926–1932), dem Vorläufer der „Wirtschaftswoche", drängte er auf maßvolle Einkommensteuern, auf die Kopplung der Löhne an die Produktivität – und auf eine Subventionspolitik, die Starke stärkt, nicht Schwache pflegt. Als Zeitzeuge der der sowjetischen Machtübernahme in Osteuropa und des Triumphzugs von Ausgabenprogrammen in den westlichen Wohlfahrtsstaaten schließlich machte er allen Keynes-Jüngern den Vorwurf, den Antikapitalismus geistig respektabel zu machen.

Schumpeter hat die Amivalenzen der Fortschrittsmaschine deutlich gesehen. Er bemerkte, dass die greifbaren Vermögenswerte im Kapitalismus durch ein Aktienpaket ersetzt werden – und dass sich damit das Gefühl der persönlichen Verantwortung, mehr noch: die „Eigentumssubstanz" verflüchtigt. Er wusste um das Problem der Entfremdung und sorgte sich über die „Zersetzung" von Familien, die auch „in ihrem Privatleben eine Art unausgesprochene Kostenrechung einführen". So optimistisch er die zivilisatorischen Errungenschaften des Kapitalismus beurteilte, so pessimistisch stimmte ihn der Verfall von Bildung und Bindung in einer ewig sich wandelnden Welt. Die Erinnerung an das kleinbetriebliche Kaffeehaus-Wien zwischen Hugo-von-Hoffmannsthal-Décadence und Gustav-Mahler-Moderne ließ ihn Zeit seines Lebens nicht los. Seiner Faszination für die Erneuerungskraft des Kapitalismus aber tat das keinen Abbruch, im Gegenteil: Schumpeter sah den Sozialismus auf dem Vormarsch – und seine Angst davor, dass den Leuten sozialistisches Brot besser schmecken könnte als kapitalistisches, „ganz einfach, weil es sozialistisches Brot ist", war so groß, dass sein Lob des Kapitalismus oft überschwänglicher ausfiel als er es in Wahrheit meinte.

Man kann Schumpeter ankreiden, dass er sowohl die Breite der Wohlstandsproduktion als auch die soziale Durchlässigkeit des kapitalistischen Veränderungsmaschine überschätzte: Erfolg war für ihn vergänglich, Reichtum temporär: „Die Oberschichten der Gesellschaft gleichen Gasthöfen, die zwar immer voll von Leuten sind, aber immer von anderen." Das Entstehen vererbbarer Geld-Geschlechter, die Feudalisierung der Finanzmärkte, die Reproletarisierung der Arbeiterschaft – das alles war für ihn (langfristig) unvorstellbar. Er selbst allerdings würde argumentieren, dass an seiner gegenwärtigen Krise nicht der Kapitalismus Schuld trägt, sondern eine Politik, die ihn auf dem Gewissen hat. Wer nicht Unternehmertum, Innovationen und ein gesundes Kreditwesen fördert, sondern den Konsum stärkt, Bestandspflege betreibt und Umverteilung schuldenfinanziert, darf sich nicht wundern, dass die goldene Gans irgendwann keine Eier mehr legt. Dass aber damit nicht nur der Kapitalismus selbst auf dem Spiel steht, sondern auch das, worauf er sich gründet – eine Atmosphäre des Fortschritts –, hat niemand so deutlich gesehen wie Schumpeter. Seine überragende Bedeutung besteht nicht darin, dass er uns die ganze Wahrheit über die moderne Wirtschaft erzählt hat, sondern darin, dass er ihr Grundgesetz bis zur Kenntlichkeit zugespitzt hat: Ohne Kapitalismus keine Zukunft – und keine Zukunft ohne Kapitalismus.

ZITATE

„Die Atmosphäre industrieller Revolutionen – ‚des Fortschritts' – ist die einzige, in welcher der Kapitalismus überleben kann. In diesem Sinne ist ein stabilisierter Kapitalismus ein Widerspruch in sich."

„Bei der Durchsetzung neuer Kombinationen ist ... Finanzierung ... grundsätzlich nötig. Immer ist der Geldmarkt [daher] gleichsam das Hauptquartier der kapitalistischen Wirtschaft."

„Ich wünsche nie, Abschließendes zu sagen. Wenn ich eine Funktion habe, dann die, Türen nicht zu-, sondern aufzumachen, und ich habe nie das Bestreben gehabt, so etwas zustande zu bringen wie eine Schumpeter-Schule."

••

Literatur

Theorie der wirtschaftlichen Entwicklung (1911/1926). Überwindung des Harmonie- und Gleichgewichtsdenkens der Klassiker. Für Schumpeter ist der Kapitalismus ein prozesshaftes System, in dem Entwicklung endogen, also aus der Wirtschaft selbst heraus, entsteht. Durch immer neue Innovationen sind Märkte prinzipiell im Ungleichgewicht. Im zweiten Kapitel entwickelt Schumpeter seinen zentralen Gedanken vom Pionierunternehmer: Der „Mann der Tat" sucht permanent nach neuen Kombinationen – und setzt seine Neuerungen nicht nur um des persönlichen Vorteils willen durch, sondern auch aus „Freude am schöpferischen Gestalten".

Konjunkturzyklen (1939). Schumpeters grandios gescheiterter Versuch, seine Theorie der kapitalistischen Dynamik am Beispiel der wellenhaften Auf- und Abentwicklung in den USA, England und Deutschland zugleich historisch nachzuzeichnen und mathematisch zu beweisen. Beeindruckend das enzyklopädische Geschichtswissen, das freie Jonglieren mit Juglar-, Kitchin- und Kon-

Die Zivilisationsmaschine – Joseph Schumpeter

dratjeff-Zyklen. Detaillierte Untersuchungen über Einzelunternehmen. Geburt des Genres der Firmengeschichte. Leidenschaftliche Verteidigung des Großunternehmertums.

Kapitalismus, Sozialismus und Demokratie (1942). Idealer Einstieg in Schumpeters Werk. Enthält die vielleicht tiefsinnigsten 100 Seiten, die je über Karl Marx geschrieben wurden. Scharfsinnige Analyse des Kapitalismus. Zunächst eine Hymne an die „kapitalistische Maschine", die „progressiv den Lebensstandard der Massen" erhöht. Dann werden die Ambivalenzen des Fortschritts aufgelistet: Entpersönlichung der Arbeit, Zersetzung der Familie. Krönung ist eine schillernde Satire auf den Sozialismus, den Schumpeter damals auf dem Vormarsch sieht.

Geschichte der wirtschaftlichen Analyse (1954, posthum). Pflichtlektüre für jeden Volkswirt. Tiefsinnige Reflexionen über 1000 ökonomische Denker. Kritische Abrechnung mit den „Stagnationisten", zu denen Schumpeter u.a. Adam Smith, David Ricardo und John Maynard Keynes zählt – und denen er ein mangelndes Gespür für das Wesen des Kapitalismus, den unaufhörlichen Wandel, attestiert.

Biografien: Das **Grundlagenwerk** des Soziologen Richard Swedberg (1994) ist derzeit vergriffen und nur in Antiquariaten erhältlich. Swedberg hat auch zwei empfehlenswerte Sammlungen mit Aufsätzen herausgegeben (in Englisch). Eine herausragende intellektuelle Biografie über Schumpeter hat der amerikanische Wirtschaftshistoriker Thomas McCraw geschrieben: **Joseph A. Schumpeter: Eine Biografie** (Murmann).

●●

Der Versöhner - John M. Keynes

John Maynard Keynes löste mit seiner Analyse der Unterbeschäftigung in der Weltwirtschaftskrise eine Revolution des ökonomischen Denkens aus. Er forderte, der Staat solle in Krisensituationen die Nachfrage ankurbeln, um Vollbeschäftigung zu gewährleisten. Seine Ideen beeinflussen bis auf den heutigen Tag Ökonomen, Zentralbanker und Finanzminister.

Jedes Mal, wenn die Wirtschaft eines Landes irgendwo auf der Welt in eine schwere Krise oder Rezession gerät, fällt der Name eines Ökonomen in der öffentlichen Diskussion besonders häufig: John Maynard Keynes. Der 1946 verstorbene britische Ökonom ist der Krisenökonom schlechthin. Sein durch die große Depression und Deflation geprägtes und 1936 veröffentlichtes Hauptwerk, die „Allgemeine Theorie der Beschäftigung, des Zinses und des Geldes", ist das Standardwerk der „Economics of Depression", wie es der britische Ökonom John Hicks ausdrückte. Die darin enthaltenen Ideen revolutionierten das ökonomische Denken und die Wirtschaftspolitik von Regierungen und Notenbanken gleichermaßen.

In seinem Werk stellt Keynes die herrschende Lehrmeinung auf den Kopf, indem er den Fokus auf die gesamtwirtschaftliche Nachfrage lenkt. Nicht das Angebot bestimmt die Nachfrage, wie die klassische Nationalökonomie behauptete, sondern die Nachfrage das Angebot, so Keynes. Ist die Nachfrage am Gütermarkt zu gering, schrumpft die Produktion, und es entsteht Arbeitslosigkeit. Weil die Wirtschaft von allein nicht wieder zum Vollbeschäftigungsgleichgewicht zurückfinde, müsse der Staat eingreifen und die Nachfragelücke schließen.

Diese Grundidee von Keynes hat sich bis heute in den Köpfen von Finanzministern, Notenbanken und Wissenschaftlern festgesetzt. Sie stand Pate bei den Konjunkturprogrammen, mit denen die Regierungen nach der Lehman-Pleite 2008 eine globale Depression zu verhindern suchten.

Als Keynes 1883 im englischen Cambridge geboren wurde, dominierten noch die Ideen und Konzepte der klassischen Ökonomen die Diskussion. Keynes' Vater, selbst Professor für Mathematik und Ökonomie in Cambridge, förderte seinen Sohn schon früh. Die Mutter wurde in der kleinen Stadt zur ersten Bürgermeisterin Englands gewählt. Keynes besuchte Englands vornehmstes Gymnasium, das Eton College, wo er mit seinen herausragenden Fähigkeiten in Mathematik auffiel. Wegen seines Charmes und Charismas hatte er viele Freunde, und mit seiner ambivalenten sexuellen Orientierung – in Eton hatte er erste homosexuelle Kontakte – verstieß Keynes schon damals gegen bürgerliche Konventionen.

Nonkonformismus prägte später auch seine wissenschaftliche Arbeit und seine Auseinandersetzungen mit den Mächtigen der Welt. 1902 schrieb sich

Keynes in das King's College der Uni Cambridge für das Studium der Mathematik, der Geschichte und der Philosophie ein, das er drei Jahre später abschloss. Darüber hinaus belegte er Ökonomievorlesungen bei Alfred Marshall und Cecil Pigou. Das Examen schloss er als Zweitbester von 104 Kandidaten ab. Dass er nicht Bester wurde, erklärte er so: „Wahrscheinlich wussten die Prüfer weniger als ich."

Nach dem Studium nahm Keynes eine wenig herausfordernde Stelle im Indien-Ministerium der britischen Regierung in London an, die ihm die Gelegenheit gab, während der Arbeitszeit seine Dissertation über Wahrscheinlichkeitstheorie fertigzustellen. In der Hauptstadt schloss er sich der Bloomsbury-Gruppe an. Der elitäre Kreis aus Künstlern, Literaten und Wissenschaftlern, dem auch die Schriftstellerin Virginia Woolf angehörte, pflegte einen hedonistisch-elitären Lebensstil und beeinflusste Keynes weitere geistige Entwicklung. 1908 kehrte er an die Uni in Cambridge zurück, wo er dank der Fürsprache Alfred Marshalls eine Stelle als Privatdozent für Geld und Kredit erhielt.

Während des Ersten Weltkriegs wechselte er ins Finanzministerium und nahm 1919 als Chefunterhändler des Ministeriums an den Friedensverhandlungen in Versailles teil. Vehement wandte sich Keynes dagegen, Deutschland mit hohen Reparationszahlungen zu belasten, da diese dessen Wirtschaft nach seiner Ansicht ruinierten. Doch seine Warnungen fanden kein Gehör, drei Wochen vor Abschluss des Versailler Vertrags trat Keynes frustriert von seinem Posten zurück. Für die in Versailles versammelte Politikerelite fand er nur Spott. US-Präsidenten Woodrow Wilson bezeichnete er als „tauben Don Quichote". Wütend verfasste er danach das Buch „Die wirtschaftlichen Folgen des Friedensvertrages", ein Pamphlet gegen die ökonomisch unverantwortlichen Reparationsvereinbarungen.

Das Buch machte ihn auf einen Schlag weltberühmt. Keynes wechselte daraufhin in die Privatwirtschaft, wurde Präsident einer Lebensversicherung und Chefmanager einer Investmentgesellschaft. An seinem Bett stand zu jener Zeit ein Telefon, über das er sich morgens schon vor dem Aufstehen ein Vermögen an der Börse zusammenspekulierte. Als Keynes 1925 die russische Tänzerin Lydia Lopokowa heiratete – die Ehe hielt bis zu seinem Tod –, geriet er zunehmend in die Klatschspalten der Presse.

Im Oktober 1929 brach die New Yorker Börse ein, die Weltwirtschaft taumelte in ihre bis dahin schwerste Krise. Während die meisten Ökonomen den Regierungen empfahlen, sich zurückzuhalten, schwamm Keynes gegen den Strom und forderte von der britischen Regierung, sich pro Jahr 100 Millionen Pfund bei den Banken zu leihen und damit Jobs für 500 000 Arbeitslose zu schaffen. Der Gedanke, der Staat müsse bei einem Wegbrechen der privaten Nachfrage die Lücke schließen und die Wirtschaft vor dem Kollaps bewahren, war die Kernbotschaft seines berühmtesten Werkes, der „Allgemeinen Theorie".

Das schwer lesbare Buch, das trotz Keynes' mathematischer Ausbildung ohne viel Formeln auskommt, stellte die Gleichgewichtsvorstellungen der bis dahin dominierenden klassischen Theorie infrage. Den Klassikern zufolge hätte es gar keine Weltwirtschaftskrise geben dürfen. Sie nahmen an, dass Löhne und Preise auf Angebots- und Nachfrageschwankungen flexibel reagierten und so eine Rückkehr zum Gleichgewicht erzeugten.

Eine sinkende Nachfrage, so argumentierten sie, drücke die Preise. Das stärke die reale Kaufkraft und den Konsum. Die Nachfrage steige dadurch wieder auf das Gleichgewichtsniveau. Am Arbeitsmarkt sorgten sinkende Löhne dafür, dass die Nachfrage der Unternehmen nach Arbeitskräften wieder steige und die privaten Haushalte ihr Arbeitsangebot reduzierten. Die Wirtschaft bewege sich auf ein neues Gleichgewicht zu. Unfreiwillige Arbeitslosigkeit konnte es nicht geben.

Doch die Weltwirtschaftskrise lehrte etwas anderes. Die Unternehmen reagierten auf die wegbrechende Nachfrage mit drastischen Produktionskürzungen und Entlassungen. Preise und Löhne sanken zwar – doch die Rückkehr zum Gleichgewicht blieb aus. Stattdessen reduzierten die niedrigeren Löhne die Kaufkraft der Arbeitnehmer, bremsten den Konsum und veranlassten die Unternehmen zu weiteren Produktionskürzungen. Die Abwärtsspirale beschleunigte sich.

Keynes sah daher „keinen Grund für die Annahme, dass flexible Löhne in der Lage sind, nachhaltig Vollbeschäftigung herzustellen". Das Wirtschaftssystem könne so nicht wieder ins Gleichgewicht kommen. Entscheidend für die Beschäftigung sei vielmehr die effektive Nachfrage auf dem Gütermarkt. Keynes stellte so eine neue Verbindung zwischen Güter- und Arbeitsmarkt her.

Weil die Konsumausgaben langsamer zulegten als die Einkommen, neige die Wirtschaft trotz wachsenden Wohlstands zur Nachfrageschwäche. Aus diesem „fundamental-psychologischen Gesetz" (das der US-Nobelpreisträger Milton Friedman später empirisch widerlegte) leitete Keynes die Schlussfolgerung ab, der Staat müsse die Nachfrage künstlich stützen. In der Folge stiegen die Produktion, die Beschäftigung, das Einkommen und der Konsum. Es entstehe ein Multiplikatoreffekt, der das volkswirtschaftliche Gesamteinkommen über den ursprünglichen Nachfrageimpuls hinaus erhöht. Der Effekt falle umso kräftiger aus, je größer der Konsumanteil am Einkommen ist.

Keynes ging davon aus, dass Unternehmen investieren, wenn der Zinssatz für den Kredit zum Kauf einer Anlage niedriger ist als die „Grenzleistungsfähigkeit des Kapitals". Darunter verstand er die erwartete Rendite einer Maschine. Sinkt der Kreditzins unter die Grenzleistungsfähigkeit des Kapitals, lohnt sich die Investition. In einer Krise kommt es laut Keynes daher darauf an, die Investitionen durch sinkende Zinsen anzukurbeln. Die Zentralbank müsse die Geldmenge ausweiten und die Zinsen nach unten drücken. Allerdings, so konstatierte Keynes, gibt es Situationen, in denen dies misslingt.

Erstens könne es sein, dass „eine große Zunahme der Geldmenge so viel Ungewissheit über die Zukunft verursacht, dass die Vorlieben für Liquidität aus dem Sicherheitsmotiv verstärkt werden". Statt das Geld für den Kauf von Staatsanleihen zu verwenden, was den Kapitalmarktzins nach unten drückt, horten die Bürger es – die Wirtschaft steckt in der Liquiditätsfalle.

Zwar relativierte Keynes die Bedeutung seiner Erkenntnisse. „Dieser Grenzfall mag in der Zukunft praktische Relevanz erlangen, bisher kenne ich dafür allerdings kein Beispiel", schrieb er. Doch mehr als 70 Jahre später, nach der Pleite der Lehman-Bank, trat dieser Grenzfall ein. Die Banken verloren das Vertrauen untereinander und horteten ihr Geld bei der Zentralbank, statt es anderen Banken als Kredit zur Verfügung zu stellen. Die Liquidität verknappte sich, der Zins schoss nach oben und verharrte lange auf erhöhtem Niveau. Die Keynes'sche Liquiditätsfalle schnappte zu.

Ein zweites Problem kann Keynes zufolge entstehen, wenn der Zins infolge der Geldmengenausweitung zwar sinkt, aber „die Grenzleistungsfähigkeit des Kapitals rascher als der Zinsfuß fällt". Gründe dafür können zunehmender Pessimismus und sinkende Absatzerwartungen der Unternehmen sein.

Dann kann auch ein niedriger Kreditzins die Betriebe nicht zu Investitionen in Maschinen und Anlagen veranlassen. Die Wirtschaft befindet sich in der Investitionsfalle.

In beiden Extremsituationen kann nur die Regierung der Wirtschaft aus der Krise helfen. Dazu muss der Staat als Investor auftreten, zum Beispiel im Bausektor, und dies mit Krediten oder Steuern finanzieren. Die Kritik, der Markt könne sich langfristig selbst helfen, konterte Keynes mit dem Satz: „In the long run, we are all dead."

Die wohl populärste Darstellung der Keynes'schen Theorie stellt das IS-LM-Modell dar, das seinen festen Platz in den Lehrbüchern der Volkswirtschaftslehre hat. Allerdings stammt es nicht von Keynes selbst, sondern von dem britischen Ökonomen John Hicks, der sich 1937 an einer Interpretation der „Allgemeinen Theorie" versucht hat. Das Modell definiert die Kombination von Zins und Volkseinkommen, bei der sich Güter- und Geldmarkt im Gleichgewicht befinden. Auf dem Gütermarkt herrscht Gleichgewicht, wenn die zinsabhängigen Investitionen (I) der einkommensabhängigen Ersparnis (S) entsprechen. Der Geldmarkt ist im Gleichgewicht, wenn das Geldangebot (M) der einkommens- und zinsabhängigen Geldnachfrage (L) entspricht.

Auch wenn das IS-LM-Modell die grundlegenden Zusammenhänge der Keynes'schen Theorie deutlich macht, so wird es der Komplexität seiner Ideen nicht voll gerecht. Insbesondere blendet es das für Keynes so wichtige Moment der Unsicherheit der Erwartungen aus. In einem Brief an Hicks kritisierte Keynes, das Modell reduziere seine Theorie zu sehr auf die Extremfälle der Liquiditäts- und Investitionsfalle. Keynes dagegen betrachtete seine Theorie als allgemeingültige Erklärung der makroökonomischen Zusammenhänge.

Anders als die Klassiker, die dem Markt und seinen Selbstheilungskräften vertrauten, sprach sich Keynes für staatliche Eingriffe in die Wirtschaft aus. Regierungen und Zentralbanken sollten durch antizyklische Politik die Konjunkturschwankungen glätten und so einen stetigen Wirtschaftsverlauf gewährleisten. Zudem forderte er Einkommensumverteilung zugunsten unterer Einkommensgruppen, von deren überdurchschnittlicher Konsumquote er sich Impulse für die gesamtwirtschaftliche Nachfrage erhoffte. „Wenn die kapitalistischen Gesellschaften eine gleichmäßigere Verteilung der Einkommen verhindern, wird am Ende eine chronische Tendenz zur Unterbeschäftigung diese Gesellschaftsform untergraben und zerstören", warnte er.

Gleichwohl ging es ihm nicht darum, die Marktwirtschaft durch staatliche Planung zu ersetzen, und von Karl Marx hielt er wenig. „Im Klassenkampf", erklärte er, würde man ihn „aufseiten der gebildeten Bourgeoisie finden." Mit seinem Konzept, das kapitalistische System durch staatliche Interventionen zu korrigieren und die Beschäftigung anzukurbeln, versöhnte Keynes die politische Linke mit dem Markt.

In den USA fanden Keynes' Ideen ab den späten Vierzigerjahren Eingang in die praktische Wirtschaftspolitik. In Deutschland machte Karl Schiller das Konzept der keynesianischen Globalsteuerung populär, als er 1966 Bundeswirtschaftsminister wurde. Mit der Devise „Konjunktur ist nicht unser Schicksal, sondern unser Wille" untermauerte er den Anspruch auf die Steuerbarkeit der Wirtschaft durch die Politik.

Nach ersten Erfolgen bei der Bekämpfung der Rezession 1967 mit zwei Konjunkturpaketen machte sich aber schnell Enttäuschung breit. Aufgrund von Zeitverzögerungen bei der Konzeption und Implementierung der Konjunkturprogramme wirkten diese zunehmend prozyklisch. Dazu kam, dass die Regierungen die im Abschwung entstandenen Schulden nicht durch Überschüsse im Boom tilgten. Die Staatsausgaben nahmen zu, die öffentlichen Schulden schossen in die Höhe.

In den Achtzigerjahren zerpflückte die wissenschaftliche Gegenbewegung von Monetaristen und Angebotsökonomen viele der Keynes-Thesen. Milton Friedman, der die Gegenrevolution anführte, sah in permanenten Eingriffen des Staates die eigentliche Ursache für die Schwankungen der Konjunktur und forderte weniger Staatsausgaben sowie eine verstetigte und auf Preisstabilität ausgerichtete Geldpolitik. Kreditfinanzierte Konjunkturprogramme lehnten Angebotsökonomen und Monetaristen als eine der Ursachen der steigenden Staatsverschuldung ab. Die keynesianisch orientierten Ökonomen befanden sich wissenschaftlich und wirtschaftspolitisch auf dem Rückzug.

Anfang der Neunzigerjahre näherten sich keynesianisch und neoklassisch orientierte Ökonomen immer weiter an. Die heute weit verbreitete „Neukeynesianische Ökonomie" verbindet Elemente beider Denkrichtungen. Aus der keynesianischen Welt stammt die Idee, kurzfristige Nachfrage- und Produktionslücken durch wirtschaftspolitische Maßnahmen wie Zinsänderungen zu schließen.

Ob Keynes die Weiterentwicklung seiner Theorie durch seine Jünger und diejenigen, die sich auf ihn beriefen, gutgeheißen hätte, muss dahingestellt bleiben. Bekannt ist nur, dass er dazu neigte, seine Meinung häufig zu ändern. Auf diesen Vorwurf angesprochen, pflegte er zu entgegnen: „Wenn sich meine Informationen ändern, ändere ich meine Meinung." Bleibende Wirkung erzielte Keynes mit seinem Comeback auf der internationalen Bühne der großen Politik im Jahr 1944. Als Vertreter Großbritanniens war er auf der Konferenz in Bretton Woods maßgeblich daran beteiligt, das System fester Wechselkurse und den Internationalen Währungsfonds aus der Taufe zu heben.

Keynes starb 1946 an den Folgen eines Herzinfarkts. Im Rückblick auf sein Leben hatte er zuvor bedauert, lediglich „zu wenig Champagner getrunken" zu haben.

• •

ZITATE

„Die lange Sicht ist ein schlechter Führer in Bezug auf die laufenden Dinge. Auf lange Sicht sind wir alle tot."

„Spekulanten mögen als Luftblasen auf einem steten Strom des Unternehmertums keinen Schaden anrichten. Aber die Lage wird ernst, wenn das Unternehmertum die Luftblase auf einem Strudel der Spekulation wird."

„Praktiker, die sich ganz frei von intellektuellen Einflüssen glauben, sind gewöhnlich die Sklaven irgendeines verblichenen Ökonomen."

• •

Literatur

Das mit Abstand wichtigste Werk Keynes' ist die 1936 veröffentlichte **Allgemeine Theorie der Beschäftigung, des Zinses und des Geldes**. Das Buch ist eine Antwort auf die Weltwirtschaftskrise. Keynes erklärt die Unterbeschäftigung durch einen Mangel an effektiver Nachfrage. Um Vollbeschäftigung herzustellten, müsse der Staat die Nachfragelücke schließen.

Die wirtschaftlichen Folgen des Friedensvertrages. Das 1919 entstandene Buch ist eine schonungslose Kritik an den Deutschland auferlegten Reparationszahlungen nach dem Ersten Weltkrieg. Keynes warnt davor, dass diese Deutschland überfordern und die internationalen Wirtschaftsbeziehungen belasten.

Vom Gelde. 1930 erschien die zweibändige Analyse des Geldes. Der erste Band behandelt die theoretischen Grundlagen, der zweite Band die empirischen Aspekte des Bankenwesens und der Geldpolitik.

Informationen zum Leben und Werk von Keynes sowie weiterführende Hinweise bietet die **Homepage der Keynes-Gesellschaft** (http://www.keynes-gesellschaft.de).

Der Versöhner – John M. Keynes

Der Ökonom der Ordnung – Walter Eucken

Walter Eucken zählt zu den wichtigsten Vordenkern der sozialen Marktwirtschaft in Deutschland. Der Mitbegründer des Ordoliberalismus hat
analysiert, wie eine marktwirtschaftliche Ordnung konstruiert sein muss,
die Wachstum schafft, Macht begrenzt und den Menschen dient. Und er
beschrieb eindringlich, wie eine orientierungslose Politik alles zerstören
kann.

s ist ein geheimes Treffen, und es ist lebensgefährlich. Am 21. März 1943 kommt in einer Privatwohnung in der Freiburger Goethestraße eine kleine Gruppe von Ökonomen zusammen. Ihr Ziel scheint zu diesem Zeitpunkt vermessen: Die Wissenschaftler wollen die Architektur einer neuen Wirtschaftsordnung für die Zeit nach dem Nationalsozialismus entwerfen. In zehn Zusammenkünften entsteht in den folgenden Monaten eine ökonomische Agenda für „Wiederaufbau und Friedenswirtschaft". Im September 1944 werden zwei Mitglieder verhaftet; die Gruppe löst sich auf. 60 Aktenordner landen in Kellerverstecken, wo sie selbst die Gestapo bei Hausdurchsuchungen nicht aufspürt.

In den verborgenen Papieren und Skizzen finden sich vor allem die Ideen eines Mannes wieder: des Freiburger Universitätsprofessors Walter Eucken. Der Ökonom hat mit den Juristen Franz Böhm und Hans Großmann-Doerth im Breisgau eine interdisziplinäre Forschungs- und Lehrgemeinschaft ins Leben gerufen und prägt von dort aus, misstrauisch beäugt von der Reichsdozentenführung, eine neue liberale Denkrichtung, die später als „Freiburger Schule" oder „Ordoliberalismus" in die Wirtschaftsgeschichte eingeht.

Es ist der Versuch, einen ethisch unterfütterten Kapitalismus zu schaffen, der den Menschen (und Konsumenten) größtmögliche Freiheit lässt – aber keine Narrenfreiheit. Und der durch einen festen Ordnungsrahmen wirtschaftliche Macht ebenso rigoros begrenzt wie staatlichen Paternalismus. „Die Schäden der Politik des Laissez-faire haben die Menschen des technischen Zeitalters ebenso durchlebt wie die Schäden und Gefahren zentraler Leitung. Deshalb richten sich Denken und Handeln auf die Frage, wie ein Kompromiss beider Extreme, eine Kombination von Freiheit und zentraler Lenkung, möglich sei", schreibt Eucken in „Grundsätze der Wirtschaftspolitik", einem seiner beiden Hauptwerke. Zwar sei „nicht zu verkennen, dass der moderne Kapitalismus die geistige Leere der Zeit mitverschuldet. Aber auf der anderen Seite müssen wir zugestehen, dass die Erhaltung des Kapitalismus für die Versorgung der Menschen eine Notwendigkeit ist."

Der religiös geprägte Eucken glaubte an den Markt, aber nicht an dessen Unfehlbarkeit, er sah die Gefahr, dass wirtschaftliche Interessengruppen den Wettbewerb aushebeln können – und wollen. Seine Erfahrungen während der Weimarer Republik, als Kartelle an der Tagesordnung waren, machten

ihm klar, „dass die Gewährung von Freiheit eine Gefahr für die Freiheit werden kann, wenn sie die Bildung privater Macht ermöglicht".

Der Einfluss der Freiburger Schule auf die deutsche Nachkriegsordnung
ist nicht zu unterschätzen, denn die politische Grundsatzentscheidung für die
Marktwirtschaft im zerstörten Deutschland war damals keineswegs selbstverständlich. „Euckens Arbeiten waren bahnbrechend für die Entwicklung
der sozialen Marktwirtschaft nach dem Zweiten Weltkrieg. Er hat mit seinen
Ideen die deutsche Wirtschaftsordnung entscheidend geprägt", sagt Lüder
Gerken, Vorstandsvorsitzender der Stiftung Ordnungspolitik und Herausgeber einer Textsammlung über Eucken.

Zwar gab es erstaunlicherweise kaum direkte Kontakte zwischen Eucken
und Ludwig Erhard, dem Vater des deutschen Wirtschaftswunders. Gleichwohl wird die überraschende Preisfreigabe 1948 durch den damaligen Direktor der Wirtschaftsverwaltung Erhard auch den Freiburgern zugeschrieben.
Mit dem Ökonomen Leonhard Miksch arbeitete zudem ein Schüler und
Freund Euckens im engsten Beraterkreis Erhards.

Eucken formulierte sieben „konstituierende Prinzipien" einer marktwirtschaftlichen Wettbewerbsordnung, die Politiker achten und schützen müssen. Im Mittelpunkt steht ein unverzerrtes Preissystem bei vollständiger Konkurrenz. Euckens Ausgangspunkt ist dabei ausdrücklich die soziale Frage, er
kommt aber zu ganz anderen Schlüssen als etwa der Kapitalismus-Kritiker
Karl Marx: Für Eucken ist nicht das Kapital an sich schuld an Elend und
Armut, sondern vor allem die Vermachtung der Unternehmenswelt. Euckens
Schlussfolgerung: Die Wirtschaftspolitik muss immer und überall den Wettbewerb fördern. Denn nur Preise, die nicht von Monopolisten oder Oligo-
polisten diktiert werden, können ihre marktwirtschaftliche Signalfunktion
wahrnehmen, relative Knappheiten anzeigen und den Wirtschaftsprozess
effizient steuern.

Die weiteren konstituierenden Prinzipien der Marktwirtschaft sind für
Eucken offene Märkte, das Recht auf Privateigentum und die Pflicht zur
Haftung, Vertragsfreiheit, Geldwertstabilität, sowie – angesichts der politi-
schen Orientierungslosigkeit dieser Tage besonders pikant – die Konstanz der
Wirtschaftspolitik. Eucken warnt vor einer kurzatmigen Ad-hoc-Politik und
staatlichem Interventionismus, der ökonomische Probleme mittel- und lang-

fristig meist nur verschlimmert. Ein rein situationsbezogenes Handeln ohne Wertegerüst und ordnungspolitischen Kompass, heute gern als Pragmatismus und Flexibilität gelobt, führt nicht nur zur Erosion marktwirtschaftlichen Bewusstseins, sondern auch zu Absetzbewegungen der Unternehmen – mithin zu sinkendem Wachstum. „Die nervöse Unrast, die heute verwirft, was gestern galt, schafft ein großes Maß von Unsicherheit und verhindert viele Investitionen", schreibt Eucken und konstatiert: „Es fehlt die Atmosphäre des Vertrauens."

Der Ökonom bezieht sich dabei auf empirische Untersuchungen aus den USA, wonach Unternehmen neue Maschinen anschaffen, wenn sich diese innerhalb von drei bis fünf Jahren amortisieren. Eucken kommt zu dem Schluss: Je sprunghafter und unberechenbarer die Politik, umso stärker der Anreiz für die Unternehmen, nur noch solche Investitionen anzugehen, die sich schnell rechnen. Risikoreiche und längerfristig angelegte Investitionen hingegen unterbleiben aus Angst vor staatlicher Willkür.

Gleichwohl spricht Eucken dem Staat eine wichtige Rolle zu. Er glaubt nicht an die unsichtbare Hand, die Angebot und Nachfrage stets in Einklang bringt. Um die „Wettbewerbsordnung funktionsfähig zu halten", bedürfe es auch „regulierender Prinzipien". Damit meint der Ökonom vor allem eine staatliche Monopolkontrolle sowie die Notwendigkeit einer staatlichen Einkommensumverteilung; Eucken plädiert in diesem Zusammenhang für ein (mäßig) progressives Steuersystem.

Die Verbindung von Theorie und Praxisnähe, die Eucken zeitlebens verfolgte, war für die Nationalökonomie damals neu. „Eucken war ein Monolith und hat eine völlig neue Modellwelt geschaffen. Er hatte keine ökonomischen Vorbilder, sondern erkannte die Defizite der herrschenden Denkrichtungen", sagt Ökonom Gerken.

Im frühen 20. Jahrhundert ist die Nationalökonomie in zwei Lager gespalten. Da ist zum einen die – dominierende – Historische Schule, die ökonomische Phänomene allein mithilfe empirischer Faktensammlungen erklärt und sich dabei als normative Wissenschaft versteht, die dem Leitbild eines starken Staates anhängt. Auf der anderen Seite stehen die theoretisch orientierten Neoklassiker, die streng rational argumentieren und für die es allgemeingültige Gesetze menschlichen Handels gibt. Es ist somit im Kern ein philosophisch-ökonomischer Methodenstreit zwischen induktiver und deduktiver Wissenschaft, es geht um die Frage, ob sich aus Einzelfällen allgemeine Zusammenhänge und Gesetzmäßigkeiten ableiten lassen oder ob umgekehrt bei gegebenen Voraussetzungen vom Allgemeinen aufs Spezielle geschlossen werden kann.

Eucken kann mit beiden Positionen wenig anfangen. „Die Wissenschaft ist aus Tatsachen gebaut wie ein Haus aus Steinen. Aber eine Ansammlung von Tatsachen ist ebenso wenig eine Wissenschaft wie ein Haufen Steine ein Haus", hält er der Historischen Schule entgegen. Den Neoklassikern schreibt er ins Stammbuch: „Wer Modelle frei konstruiert und nicht die Formen in der Wirklichkeit sucht, treibt ein Spiel – nicht mehr."

Eucken setzt dem ein theoretisch unterfüttertes „Denken in Ordnungen" entgegen, das marktwirtschaftliche Funktionsmechanismen analysiert, sich aber nicht in abstrakten Modellen verliert. Für Eucken herrscht in der Marktwirtschaft eine Interdependenz mehrerer Teilordnungen, die sich gegenseitig beeinflussen. Aufgabe staatlicher Ordnungspolitik sei es, ein Eigenleben und Auseinanderklaffen von Sozial, Gesellschafts- und Wirtschaftsordnung zu verhindern und so ein konsistentes staatliches Gefüge zu schaffen.

Walter Eucken wird am 17. Januar 1891 in Jena geboren. Der Junge wächst in einem weltoffenen und kulturell interessierten Elternhaus auf: Vater Rudolf ist Philosophieprofessor und Nobelpreisträger für Literatur, Mutter Irene ist Malerin. Zu den Gästen, die in der Eucken'schen Villa in der Botzstraße ein- und ausgehen, zählen der Komponist Max Reger und Literaten wie Stefan George und Hugo von Hofmannsthal.

Eucken studiert Geschichte, Staatswissenschaften und Nationalökonomie an den Universitäten Kiel, Bonn und Jena. Nach der Promotion 1913 (Thema: „Die Verbandsbildung in der Seeschifffahrt") stoppt der Erste Weltkrieg vorerst seine akademische Karriere, eine Dozentenstelle in New York kann er wegen des Kriegsausbruchs nicht antreten. Er wird stattdessen an die Front geschickt.

Nach dem Krieg habilitiert er sich an der Universität Berlin und arbeitet bis März 1924 als stellvertretender Geschäftsführer einer Fachgruppe beim Reichsverband der Deutschen Industrie. Es folgen Lehraufträge in Berlin und Frankfurt; 1925 erhält Eucken in Tübingen seine erste VWL-Professur.

Doch erst zwei Jahre später wird der junge Ökonom wirklich sesshaft. Er übernimmt eine Professur für Volkswirtschaftslehre an der Universität Freiburg. Hier wird er den Rest seines Lebens bleiben.

Wie er es geschafft hat, während der NS-Diktatur weiter lehren zu dürfen, während Weggefährten emigrieren mussten (Alexander Rüstow, Wilhelm Röpke) oder im Gefängnis landeten (Adolf Lampe, Constantin von Dietze) ist unklar. Eucken wird zweimal von der Gestapo verhört. Seine gut besuchte Vorlesungsreihe „Der Kampf der Wissenschaft" soll eine kaum verhüllte Eloge auf die Freiheit des Denkens gewesen sein. Eine Neuauflage seiner Schrift „Nationalökonomie – wozu?" wird von den Nazis verboten, persönlich aber bleibt Eucken unbehelligt.

1947 nimmt der Ökonom auf Einladung von Friedrich August von Hayek, mit dem er einen regen wissenschaftlichen Austausch pflegt, als einziger Deutscher an der Gründungsversammlung der Mont-Pèlerin-Gesellschaft teil, einem Club führender Liberaler. Dort gerät er heftig mit Ludwig von Mises aneinander, einem radikalen Staatsverächter der Österreichischen Schule. Ein Jahr später gründet Eucken mit Franz Böhm das „Jahrbuch für die Ordnung von Wirtschaft und Gesellschaft", in dem sich fortan Ökonomen von Hayek bis Milton Friedman mit Fragen der Wirtschafts-, Sozial- und Gesellschaftsordnung auseinandersetzen. „Ordo", so der Kurztitel, wird zu einem publizistischen Thinktank des Liberalismus – und besteht bis heute.

Was wissen wir über den Menschen Walter Eucken? Der Ökonom war hochgewachsen, gut 1,90 Meter groß und hager. Ein Hauch von Askese umwehte den oft distanziert wirkenden Wissenschaftler. Sein Schüler Leonhard Miksch erinnerte sich, wie Eucken „nach oft langem Schweigen das Wort nahm, dann rangen sich die einzelnen Sätze schwer von seinen Lippen. Er kämpfte sichtbar um den angemessenen Ausdruck, kraftvolle Gesten von Arm und Hand schienen die im Raume schwebenden Gedanken und Worte zusammenzuzwingen." Die Hochschule war seine Welt, und nicht von ungefähr lernte er seine spätere Frau Edith in einem Uni-Seminar in Berlin kennen, in dem die Studentin ein Referat über Anarchismus hielt.

Walter Eucken starb am 20. März 1950 in einem Londoner Hotel an einem Herzinfarkt. Er sollte einige Gastvorlesungen an der London School of Economics halten und hoffte wohl insgeheim, damit auch Zugang zu den akademischen Zirkeln des angelsächsischen Raums zu erhalten. Sein früher Tod hingegen führte dazu, dass Eucken international trotz seiner großen Bedeutung für Deutschland vergleichsweise unbekannt blieb.

Auch an den deutschen Universitäten ist die Bedeutung der Ordnungspolitik zuletzt stetig gesunken, viele Lehrstühle für Wirtschaftspolitik wurden mit mathematisch orientierten Wissenschaftlern besetzt. „Vielerorts haben Theoretiker das Kommando übernommen", kritisiert Lars Feld, Mitglied der fünf Wirtschaftsweisen und Direktor des 1954 gegründeten Eucken Instituts in Freiburg. Der Ökonom fordert eine Renaissance der Ordnungspolitik, und dies nicht nur an den Hochschulen. Feld: „Ich empfehle allen Politikern, sich Euckens ‚Grundsätze der Wirtschaftspolitik' unters Kopfkissen zu legen."

● ●

ZITATE

„Es sind nicht die sogenannten Missbräuche wirtschaftlicher Macht zu bekämpfen – sondern die wirtschaftliche Macht selbst."

„Wer Modelle frei konstruiert und nicht die Formen der Wirklichkeit sucht, treibt ein Spiel – nicht mehr."

„Die Wissenschaft ist aus Tatsachen gebaut wie ein Haus aus Steinen. Aber eine Ansammlung von Tatsachen ist ebenso wenig eine Wissenschaft wie ein Haufen Steine ein Haus."

„Die nervöse Unrast, die heute verwirft, was gestern galt, schafft ein großes Maß von Unsicherheit und verhindert viele Investitionen."

„Die Haftung wirkt prophylaktisch gegen eine Verschleuderung von Kapital und zwingt dazu, die Märkte vorsichtig abzutasten."

● ●

Euckens **Grundlagen der Nationalökonomie**, erschienen 1940, sind ein Klassiker der Wirtschaftsliteratur. Eucken liefert darin eine Kritik der klassischen Nationalökonomie und analysiert die Funktionsmechanismen von Wirtschaftssystemen und -ordnungen (Springer).

Euckens zweites Standardwerk sind die 1952 nach seinem Tod veröffentlichten **Grundsätze der Wirtschaftspolitik** (Mohr Siebeck).

Eine kompakte Darstellung des Lebens und Wirkens von Eucken findet sich in dem von Lüder Gerken herausgegebenen Buch **Walter Eucken und sein Werk** (Mohr Siebeck).

Eine profunde Einführung in die Ideen der Freiburger Schule bieten die fast 800 Seiten umfassenden **Grundtexte zur Freiburger Tradition der Ordnungsökonomik**. Enthalten sind Originaltexte sowie Analysen zu Eucken und Weggefährten wie Wilhelm Röpke, Alexander Rüstow und Franz Böhm. (Mohr Siebeck).

INTERVIEW MIT LARS FELD, Mitglied des Sachverständigenrats zur Begutachtung der gesamtwirtschaftlichen Entwicklung (Oktober 2011)

Der Wirtschaftsweise erinnert die Politik daran, sich in der Euro-Krise auf die Grundsätze Walter Euckens zu besinnen.

„Renaissance der Odnungspolitik"

Professor Feld, nach Walter Eucken gibt es sieben „konstituierende Prinzipien" der Markwirtschaft. Welche davon sind in Deutschland vollständig erfüllt? Am ehesten die Sicherung von privaten Eigentumsrechten. Ansonsten keines. Nehmen Sie nur die freie Preisbildung. In vielen Bereichen sind die Preise, die ja eine zentrale Signalfunktion für die Märkte haben, durch Subventionen verzerrt oder staatlich reguliert. Denken Sie zum Beispiel an den Mietwohnungsmarkt, das Gesundheitswesen, den Energiesektor oder die Landwirtschaft. Auch das von Eucken geforderte Prinzip der Haftung ist nur unzureichend implementiert. Die Erkenntnis, dass nur solche Marktteilnehmer verantwortungsbewusst handeln, die für ihre Fehler auch geradestehen müssen, hat die Finanzkrise eindrucksvoll bestätigt.

Was würde Eucken zur aktuellen Euro-Krise sagen? Dass sich die Europäische Zentralbank mit dem Kauf von Staatsanleihen von ihren originären Aufgaben entfernt hat und nun die Grenzen zwischen Geld- und Fiskalpolitik gefährlich verschwimmen. Für Eucken war eine stabile Währung die Grundlage für das Funktionieren eines marktwirtschaftlichen Systems. Inflation und eine schwache Währung unterhöhlen hingegen die gesellschaftliche Akzeptanz der Marktwirtschaft. Dieses Credo hatte die Deutsche Bundesbank zu D-Mark-Zeiten stets verinnerlicht. Bei der EZB habe ich da mittlerweile meine Zweifel.

Brauchen wir eine Renaissance der Ordnungspolitik? Ja. Natürlich lassen sich Erkenntnisse des 20. Jahrhunderts nicht eins zu eins auf unsere heutige Zeit übertragen. Und es gibt historisch auch durchaus unterschiedliche Facetten, die Freiburger Schule hat andere Akzente gesetzt als die Kölner Schule um Alfred Müller-Armack. Ich empfehle gleichwohl allen deutschen Politikern, sich das Standardwerk von Eucken, die „Grundsätze der Wirtschaftspolitik", unters Kopfkissen zu legen. Derzeit bekennen sich fast alle Parteien zur Ordnungspolitik – aber jeder versteht darunter etwas anderes. Für mich bedeutet Ordnungspolitik heute vor allem, die Konsumenten- und Bürgersouveränität zu gewährleisten und zu schützen.

Unterstützung von den wirtschaftswissenschaftlichen Fakultäten in Deutschland gibt es aber nicht - dort spielt Ordnungspolitik keine große Rolle mehr. Das stimmt leider. Wirtschaftspolitische und finanzwissenschaftliche Lehrstühle sind in den vergangenen Jahren an den deutschen Universitäten immer stärker zurückgedrängt worden. Vielerorts haben Theoretiker das Kommando übernommen. Hinzu kommt: Selbst wo es wirtschaftspolitische Lehrstühle gibt, fristet die Ordnungspolitik ein Schattendasein. Das ist keine gute Entwicklung. Zum Glück gibt es noch einige ordnungspolitische Zentren in Deutschland, vor allem in Freiburg, aber auch an den

Universitäten Marburg, Bayreuth und Erfurt. Unser Ziel muss es sein, die traditionelle Ordnungsökonomik in der Moderne zu verankern – und die Regelorientierung der Freiburger Schule mit empirischen Methoden zu vereinen.

Das Interview führte Bert Losse.

●●●

Der Anti-Sozialist - Friedrich A. von Hayek

Friedrich August von Hayek war ein leidenschaftlicher Weltverbesserer. Sein ganzes Forscherleben hat er daran gearbeitet, Planwirtschaft und Kollektivismus wissenschaftlich zu widerlegen. Seine Tiraden gegen den Wohlfahrtsstaat haben jahrzehntelang die intellektuelle Brillanz seiner Theorie komplexer Ordnungen überschattet. Höchste Zeit, dass sich das ändert.

Für Friedrich August von Hayek war es ein Fest. Als am 9. November 1989 das System der Sozialistischen Republiken implodierte, die Berliner Mauer fiel und die Menschen auf Deutschlands Straßen im Takt der Freiheit tanzten, saß der große liberale Sozialphilosoph in Freiburg gerührt vor dem Fernseher und rief seinem Sohn zu: „Ich wusste es! Ich wusste, dass es die jungen Menschen sein würden." Mehr als ein halbes Jahrhundert lang war Hayek dem Sozialismus in inniger Feindschaft verbunden gewesen. Er hatte sich von ihm bedroht gefühlt, ihn bekämpft, sich an ihm abgearbeitet, ja: ihm sein ganzes Forscherdasein gewidmet. Wenn es einen Fluchtpunkt gegeben hatte in seinem thematisch breit gefächerten Werk, das sich über ökonomische, psychologische und erkenntnistheoretische Felder erstreckte und dabei ständig die Grenzen zwischen akademischer Strenge und politischer Programmatik überschritt, dann war es der Versuch einer wissenschaftlichen Widerlegung von Planwirtschaft und Kollektivismus.

Hayek hatte zu den Forschern gehört, die ihre intellektuelle Energie aus der Gegnerschaft beziehen, die am geistigen Feind ihre Argumente schärfen, die hitzige Kontroversen brauchen, um kühle Schlussfolgerungen zu ziehen, und Übertreibungen schätzen, um Sachlichkeiten zu würzen. Jetzt, am Ende seines Lebens, benötigte er keinen Widersacher mehr. Zweieinhalb Jahre sollten ihm noch bleiben, der Feind war gründlich widerlegt und historisch besiegt, die Kraft der sozialistischen Idee war so erschöpft wie Hayeks Physis – und sein heftig umstrittenes Werk konnte endlich als das gewürdigt werden, was es – List der Vernunft – vor allem ist: das schönste Vermächtnis des Sozialismus.

Hayek war kein Meisterdenker sui generis. Sein Werk lässt sich lesen als apologetische Modernisierung des klassischen Liberalismus – er selbst spricht in Vorwort und Einleitung seines Freiheitsbuches davon, eine „Art Anthologie des liberalen Denkens" verfassen zu wollen, um den Einfluss „alter Wahrheiten" auf das Denken der Menschen zu bewahren. Hayek hielt die bürgerlichen Werte des 19. Jahrhunderts für kulturelle Errungenschaften. Persönliche Freiheit, Eigentum, Gleichheit vor dem Gesetz, Machtdiffusion durch Wettbewerb und Marktwirtschaft – das alles seien Eckpfeiler der Zivilisation, ja: Zeugnisse einer „besseren Welt", die er umso schärfer akzentuierte, wie er sie im 20. Jahrhundert mehr und mehr „in Vergessenheit und Missachtung geraten" sah. Der appellatorische, oft polemische, manchmal verzweifelte Ton, der als basso continuo all seinen wirtschaftspolitischen Schriften unterlegt ist, richtet sich daher nicht nur gegen die „dogmatische Ideologie unserer Gegner", sondern vor allem an die, die den schleichenden Untergang des Liberalismus ungewollt, aber naiv, mit gut gemeinten Eingriffen in Markt und Wirtschaft, begünstigen.

Verstehen lässt sich die Leidenschaft von Hayeks Anti-Sozialismus nur, wenn man sich die dramatische politische Situation in den Vierzigerjahren vergegenwärtigt. In den letzten Kriegsjahren zeichnet sich ab, dass Kapitalismus und Kommunismus sich bald blockhaft gegenüberstehen werden: Marktwirtschaft gegen Planwirtschaft, Freiheit gegen Zwang, Individualismus gegen Kollektivismus. Die Teilung Deutschlands und Europas ist seit der Konferenz von Teheran (1943) beschlossene Sache, Stalins Sowjetunion dehnt ihren Machtbereich aus, in China kämpft sich Mao an die Spitze, das ehemals zum britischen Kolonialreich gehörende Indien verfolgt planwirtschaftliche Experimente. 40 Prozent der Weltbevölkerung leiden damals unter dem Diktat des Kommunismus, weitere 25 Prozent müssen teilweise sozialistische Volkswirtschaften erdulden. In dieser Situation wird der Ökonom Hayek zum liberalen Missionar. Er hat in Fachkreisen Furore gemacht mit geldtheoretischen Arbeiten und einer Konjunkturtheorie, die alle makropolitische Steuerung ablehnt, sei sie nun angebotsorientiert (etwa über niedrige Zinsen wie bei Milton Friedman) oder nachfrageorientiert (über Konjunkturprogramme wie bei John Maynard Keynes) – aber das reicht ihm nicht mehr: Er will künftig ein Weltverbesserer sein, ein öffentlicher Philanthrop und Freiheitsfreund.

Hayek, in Wien geboren, zur Schule gegangen, studiert und zum Doktor der Rechte und der Politik promoviert, 1931 als erster Ausländer an die London School of Economics berufen und ab 1938 britischer Staatsbürger, sieht den Kalten Krieg der Systeme früh voraus – und veröffentlicht im März 1944 das Buch, das ihn auf einen Schlag berühmt macht (und wissenschaftlich diskreditiert): „Der Weg zur Knechtschaft", eine leidenschaftliche Abrechnung mit Kollektivismus und (National-)Sozialismus, die gleichermaßen vom Gedanken beseelt seien, das Individuum zu einem „Werkzeug im Dienste der höheren Einheit" herabzuwürdigen, um alle Tätigkeit des Menschen,

„von der Wiege bis zur Bahre", zu einer Frage der Weltanschauung zu machen. Ausgangspunkt von Hayeks Streitschrift ist die provozierende These, dass „wirtschaftliches Kommando" in Ermangelung eines funktionierenden Preissystems nicht nur ökonomisch ineffizient ist – das hatte schon Hayeks Lehrer und Mentor Ludwig von Mises bewiesen –, sondern prinzipiell totalitär: Plan und Lenkung des „Wirtschaftsdiktators", so Hayek, beruhen auf einer Anmaßung von Wissen und Macht – und auf der „Herrschaft über die Mittel für alle unsere Ziele". Für Hayek sind Stalinismus und Nazismus daher keine Gegensätze, sondern bloße Stilformen des Kollektivismus – und der deutsche Faschismus ist für ihn keine Reaktion der kapitalistischen Eliten auf sozialistische Trends in den Dreißigerjahren, sondern eine logische Folge der staatlichen „Organisierung des Wirtschaftslebens seit Bismarck" – samt seiner kulturellen Diskreditierung des „englischen" Kapitalismus, Liberalismus und Individualismus.

Hayeks politische Unkorrektheiten, die im „Reader's Digest" die Runde machen und von George Orwell, John Maynard Keynes und Joseph Schumpeter wohlwollend aufgenommen werden, wirken bis heute verstörend. Als notorischer Gutmensch, dem es um die „Schaffung einer Welt freier Menschen" geht, unternimmt er – auf dem Höhepunkt des Krieges gegen das deutsche Verbrecherregime – nicht einmal den Versuch zu verhehlen, dass er sich bereits im „ideologischen Krieg" der Zukunft befindet: gegen die Sowjetunion, den damaligen Bündnispartner Großbritanniens, und gegen die „Sozialisten in allen Parteien", die den Westen, namentlich England (Beveridge-Plan) und die USA (New-Deal-Politik), in eine wirtschaftspolitisch-wohlfahrtsstaatlich abgesicherte Zukunft führen wollen. Hayek ist der Auffassung, dass die westlichen Gesellschaften „von ihren eigenen Idealen und von dem, was sie von ihren Feinden trennt, nur verworrene Vorstellungen" besitzen – und sucht sie davor zu bewahren, denselben Weg einzuschlagen, den das national-korporatistische Deutschland im Wilhelminismus eingeschlagen hatte. So wie altpreußischer Geist und sozialistische Gesinnung eine deutsche Volksgenossenschaft vorbereitet hätten, meinte Hayek, so befinde sich nun England – mit 50 Jahren Verspätung – auf der abschüssigen Bahn in Richtung Knechtschaft, weil es seine liberalen Grundsätze verrate.

Die große Schwäche von Hayeks Denken besteht darin, dass er es nie von dieser Rutschbahntheorie reinigte. Für die evolutorische Entwicklung von ökonomischen Mischsystemen, in denen die Sache der Freiheit vielleicht nicht gewinnt, aber eben auch nicht rettungslos verloren ist, hatte er keinen Sinn – und weil er als Kassandra des Sozialismus hinter jedem Zuwachs staatlicher Fürsorge eine strukturelle Freiheitsberaubung witterte und hinter jeder sozialpolitischen Maßnahme eine Gleichmacherei, die die Dynamik der Marktwirtschaft infrage stellt, ereilte ihn bald das Schicksal eines politmedialen Phrasenspenders. Die forcierte Verve, mit der Hayek als kultisch verehrter Freiheitsprediger und leidenschaftlich verschriener Reaktionär gegen Staatsbeteiligungen, Umverteilungen, Gewerkschaften, soziale „Zwangsversicherungen" und zuweilen auch ordnungspolitische Rahmensetzungen zu Felde zog, stand nicht nur in seltsamem Widerspruch zu einem Wohlstandswachstum, das dennoch stattfand; sie überschattete auch, viel schlimmer noch, die intellektuelle Brillanz seiner Theorie komplexer Ordnungen. Bis heute hat sich der weltabgewandte Gelehrte, der Hayek auch war, nicht von der politischen Übernutzung der Schlussfolgerungen erholt, die er fälschlicherweise aus den eigenen Grundsätzen ableitete.

Die Kohärenz und Dichte von Hayeks Argumentation macht seine Ordnungstheorie auch heute noch zu einem großen Leseabenteuer. Hayek erweitert den methodologischen Individualismus der Grenznutzenlehre (Carl Menger), indem er nicht nur nach dem subjektiven Nutzen eines Gutes für den wirtschaftlichen Akteur fragt, sondern auch nach den psychologischen Voraussetzungen menschlichen Verhaltens. Im Anschluss an David Hume versteht er „Die sensorische Ordnung" (1952) des Menschen als ein adaptives System, das laufend Impulse aufnimmt, speichert, verarbeitet, klassifiziert – und dabei permanent Anpassungsleistungen vollbringt. Eindrücke und Erfahrungen, aber auch bewusstlos-gewusste Traditionen und Gebräuche formieren sich zu einer subjektiven Wahrnehmung, die Hayek sich als kontinuierlichen, ungeplanten und offenen Prozess vorstellt. Kurzum: Die Perzeption der Welt ist subjektiv, adaptiv und evolutionär – und weil das so ist, kann Hayek nichts mit makroökonomischen Modellen anfangen, in denen mit Aggregatgrößen und Kollektiveinheiten operiert wird.

Stattdessen findet Hayeks sensorische Ordnung ihre wirtschaftswissenschaftliche Entsprechung in einer Art „methodologischen Mikroökonomie". Hayek versteht die gesellschaftliche Ordnung als spontanen, ungesteuerten, interpersonellen Entwicklungsprozess, in dem unendlich viele Menschen unendlich viel ausprobieren, entwickeln, modifizieren und aussondern. Geld, Recht und Sprache etwa seien als Früchte des Fortschritts zwar das Ergebnis menschlichen Handelns, nicht aber das Ergebnis planvoller Vernunft. Wirtschaftliche Lenkungsversuche hält Hayek daher nicht nur für ökonomisch unsinnig, sondern auch für eine Versündigung an der menschlichen Natur. Aller Planwirtschaft liege das rationalistisch-ingenieurhafte Missverständnis zugrunde, die Komplexität spontaner Ordnungen steuern zu können. Dagegen wendet Hayek ein, dass man sozialen Phänomenen – im Unterschied zu naturwissenschaftlichen – nicht mit szientistischen Mitteln beikommen könne. Alle Versuche, eine Gesellschaft auf Vernunft zu gründen (etwa Hobbes Gesellschaftsvertrag), sie an Ergebnissen zu messen (Utilitarismus) oder gar auf bestimmte Ziele hin zu verpflichten (Positivismus, Historismus, Marxismus), seien schon allein deshalb abzulehnen, weil sie auf methodisch falschem Grund stehen.

Nur der Markt, so Hayek, vermag die Dinge im Fluss zu halten, weil er das verstreute Wissen seiner Teilnehmer nicht zentralisiert, sondern koordiniert – und den dynamischen Prozess der ständigen Meinungsbildung fördert. Die Preise dienen dem Marktteilnehmer dabei als Informationssignale – sie eröffnen ihm die Möglichkeit, von objektiven Daten zu profitieren, die ihm allein nicht zur Verfügung stehen. Und der Wettbewerb ist vor allem deshalb ein „Entdeckungsverfahren", weil er Waren, Güter, Moralvorstellungen und soziale Tatsachen ermöglicht, die heute noch unbekannt sind und daher nicht planvoll angesteuert werden können. Die Vorteile des Wettbewerbs, so spitzt Hayek seinen Gedanken zu, ließen sich niemals messen – und das sei auch gut so, weil der Wettbewerb als abstrakte Ordnung keine Werte priorisiert, sondern den ständigen Wandel von Wertmaßstäben garantiert, die von der prinzipiellen Offenheit der Wettbewerbsergebnisse zugleich erzeugt und hervorgebracht werden. Konstitutiv für diese wettbewerbliche Ordnung, für die Hayek den Begriff „Katallaxie" wählt, weil er „Marktwirtschaft" für ein Oxymoron hält (Markt = Wettbewerb, Wirtschaft = Plan), ist eine blinde, „unmoralische" Rechtsordnung, die einen verlässlichen „Dauerrahmen" schafft, um die Kontingenz der „spontanen Ordnung" zukunftsfest zu machen.

Es ist erstaunlich, dass ausgerechnet Hayek mit seiner biologischen Vorstellung von Ökonomie als eines lernenden Systems in tagespolitischen Fragen zuweilen eine an Starrsinn grenzende Meinungsfestigkeit an den Tag legte. Hat er in seiner eleganten Ordnungstheorie nicht jeden Wahrheitsanspruch zurückgewiesen? Und wenn er den Einfluss des Staates auf gesellschaftliche Prozesse beklagte, die sich ehedem im liberalen „Kosmos" selbst zurecht geruckelt hatten – warum verstand er dann die steuernde „Taxis" der Regierenden, etwa bei der Formation des Wohlfahrtsstaates, nicht auch als Ergebnis eines evolutorischen Prozesses? Für einen entschiedenen Gegner rationalistischer Systeme war Hayeks Anti-Sozialismus jedenfalls reichlich totalitär: Die liberale Vernunft war unantastbar. Das ist schade, weil Hayek seinen Gegnern dadurch eine willkommene Entschuldigung bietet, an den sozialphilosophischen Prämissen seines Anti-Sozialismus vorbeizulesen. Als eine Art Schutzimpfung gegen politischen Machbarkeitswahn – noch dazu auf Pump – ist die Lektüre seines Werkes heute wichtiger denn je.

● ●

ZITATE

„Die Freiheit wird etwas Positives durch den Gebrauch, den wir von ihr machen. Sie sichert uns keinerlei bestimmte Möglichkeiten, sondern überlässt es uns, zu entscheiden, was wir aus den Umständen machen, in denen wir uns befinden."

„Freiheit ist wesentlich, um Raum für das Unvorhersehbare und Unvoraussagbare zu lassen; wir wollen sie, weil wir gelernt haben, von ihr die Gelegenheit zur Verwirklichung unserer Ziele zu erwarten."

„In viel größerem Maß als bisher muss erkannt werden, dass unsere gegenwärtige gesellschaftliche Ordnung nicht in erster Linie das Ergebnis eines menschlichen Entwurfs ist, sondern aus einem wettbewerblichen Prozess hervorging, in dem sich die erfolgreicheren Einrichtungen durchsetzten."

„Dass in die Ordnung einer Marktwirtschaft viel mehr Wissen von Tatsachen eingeht, als irgendein einzelner Mensch oder selbst irgendeine Organisation wissen kann, ist der entscheidende Grund, weshalb die Marktwirtschaft mehr leistet als irgendeine andere Wirtschaftsform."

„Das Kommando über die Güterproduktion ist das Kommando über das menschliche Leben schlechthin."

Literatur

An Friedrich August von Hayek scheiden sich die Geister. Viele Aufsätze über ihn lesen sich wie Hagiografien („Retter der Freiheit") oder Verunglimpfungen („Laissez-faire-Liberaler"). Der Tiefe von Hayeks Denken werden die wenigsten gerecht.

Eine verlässliche Einführung in Hayeks liberalen Kosmos bietet Hans-Jörg Hennecke in **Friedrich August von Hayek zur Einführung** (Junius-Verlag). Das von Gerd Habermann herausgegebene Brevier **Philosophie der Freiheit** (NZZ-Libro) versucht – nicht immer erfolgreich – Hayeks Kernideen in knappen Zitaten zu entfalten. Besser fährt man mit dem druckfrischen **Hayek-Lesebuch** von Viktor J. Vanberg (Mohr Siebeck), das etliche Originalaufsätze versammelt.

Wer es wirklich ernst meint mit Hayek, kommt an der Lektüre eines seiner beiden Hauptwerke nicht vorbei; nur in ihnen lässt sich die Komplexität seines prozesshaften Denkens formal und gedanklich nachvollziehen. Sein umfassendes Gesamtwerk, das zwischen Ökonomie, Erkenntnistheorie und Sozialphilosophie mäandert und von frühen geld-, wert- und konjunkturtheoretischen Arbeiten über eine Grundlegung des Liberalismus bis hin zu rechtsphilosophischen Grundsatzüberlegungen reicht, erscheint seit 2001 in einer mustergültigen Edition im Verlag Mohr Siebeck. Die Reihe umfasst sieben Bücher und acht Bände mit Aufsätzen, etwa zur Ordnungsökonomik, Wirtschaftspolitik, Konjunkturtheorie und Sozialismuskritik.

Der Weg zur Knechtschaft (1944). Populärwissenschaftlicher Bestseller. Abfallprodukt von Hayeks Forschungen über Kollektivismus und Sozialismus. Geschrieben in normativer Absicht, im unwissenschaftlichen Ton eines Mahners und Predigers. Leidenschaftliche Abrechnung mit dem, so Hayek später, „älteren Sozialismus" sowjetischer Prägung (Vergesellschaftung aller Produktionsmittel, Zentralismus, Planwirtschaft). These eins: Der Nationalsozialismus ist das, was er dem Namen nach ist: eine nationale Fortentwicklung des Sozialismus – und daher nicht prinzipiell verschieden vom Stalinismus. These zwei: Auch England (der Westen) ist auf dem (schleichenden) Weg in die Knechtschaft, seit „Sozialisten in allen Parteien", denen das Buch gewidmet ist, so punktuell wie prinzipienlos ins Wirtschaftsgeschehen eingreifen, statt sich auf liberale Grundsätze zu besinnen.

Die Verfassung der Freiheit (1960). Hayeks beeindruckendes Hauptwerk. Eine „Art Anthologie des liberalen Denkens" – so Hayeks Selbsteinschätzung – in der Tradition von Wilhelm von Humboldt, Alexis de Tocqueville, John Stuart Mill und Lord Acton. Gründliche Reinigung des Freiheitsbegriffs von allen „positiven" Bestimmungen („politische Freiheit", „innere Freiheit"): Die persönliche Freiheit, definiert als Abwesenheit von Zwang, ist unteilbar. Die Entwicklung des Rechtsstaates und die Bedeutung des „rule of law" für die Sicherung der persönlichen Freiheit. Bedrohung der Freiheit durch wachsendes Sicherheitsdenken, schrittweise Selbstentmündigung im Wohlfahrtsstaat. Normative Kritik an der politischen Praxis (Besteuerung, Umverteilung, Stadtplanung, Erziehung).

Recht, Gesetz und Freiheit (1973–1979). Vielleicht der beste Einstieg in Hayeks Gedankenwelt. Fortschreibung und theoretische Grundierung des „Freiheits"-Buches. Bündige Zusammenfassung des sozialphilosophischen Kerngedankens: Die sich selbst bildende, „spontane Ordnung" des Marktes mobilisiert das verstreute Wissen einer komplexen Gesellschaft. Preise sind Signale, die das subjektive Wissen der Marktteilnehmer bündeln. Der „Wettbewerb als Entdeckungsverfahren" eröffnet jedem die Möglichkeit, sein Können und Wissen einzusetzen – und das Können und Wissen anderer indirekt (über den Preis) zu nutzen. Die Organisation eines Zentralplaners (Politikers) dagegen beruht immer auf einer „Anmaßung von Wissen".

● ●

Der Anti-Sozialist – Friedrich A. von Hayek

Der Polarisierer - Milton Friedman

Der amerikanische Ökonom **Milton Friedman** hat die Geldtheorie revolutioniert und sein Leben lang für freie Märkte und weniger Staat gekämpft. Als intellektueller Gegenspieler von John Maynard Keynes spaltete er Wissenschaft und Politik gleichermaßen. Zwischenzeitlich galt er als widerlegt. Jetzt zeigt sich: Friedmans Erkenntnis, dass die Geldmenge die Konjunktur und die Inflation bestimmt, ist aktueller denn je.

Es gibt große Ökonomen, die die Öffentlichkeit scheuen, in ihren Studierzimmern über Theorien grübeln und sich damit zufriedengeben, in akademischen Zirkeln Wertschätzung zu genießen. Und es gibt große Ökonomen, die eine Idee, eine Mission haben, mit der sie die Welt verändern wollen. Milton Friedman gehörte zweifelsohne zur zweiten Kategorie.

Der Nobelpreisträger für Wirtschaftswissenschaften, der vor knapp fünf Jahren starb, war der politisch einflussreichste Ökonom des 20. Jahrhunderts. Die wissenschaftliche Durchschlagskraft seines Werkes ist wohl nur mit der seines intellektuellen Gegenspielers, des britischen Ökonomen John Maynard Keynes, vergleichbar. Friedmans wissenschaftliches Œuvre reicht von Arbeiten über die Methodik der Wissenschaft über die Geldtheorie bis hin zur Konsumanalyse. Mit seinen Arbeiten legte er das Fundament für die moderne Wirtschaftsforschung. In seinem monumentalen Werk über die Geldgeschichte der USA rückte er das Geld als Determinante für Konjunktur und Inflation in den Mittelpunkt des wissenschaftlichen Diskurses. Seine moralphilosophischen Arbeiten machten ihn zum intellektuellen Vordenker für individuelle Freiheit und weniger staatlichen Einfluss. Er entwickelte die Idee der Bildungsgutscheine, das Konzept der negativen Einkommensteuer und lieferte den Regierungen die Blaupause für flexible Wechselkurse. „Gäbe es Milton Friedman nicht, müsste man ihn erfinden", sagte sein Kollege Paul Samuelson über ihn.

Friedman wurde am 31. Juli 1912 in Brooklyn, New York, geboren. Er war das vierte Kind und der einzige Sohn jüdischer Einwanderer aus Ungarn. Seine Eltern hatten nicht viel Geld, doch betrachteten sie die USA als ein Land, das den Tüchtigen große Chancen bietet. Diese Geisteshaltung gaben sie an ihre Kinder weiter. In der Grundschule fiel Friedman durch überdurchschnittliche Intelligenz, Eloquenz und Extrovertiertheit auf; seine Lehrer ließen ihn eine Klasse überspringen. Als der Vater 1927 im Alter von 49 Jahren an einem Herzinfarkt starb, wurde es für die Familie finanziell eng. Dank seiner guten Noten auf der Highschool erhielt Friedman ein Stipendium, das es ihm erlaubte, ein Studium an der Rutgers-Universität in New Jersey aufzunehmen. Wegen seines Faibles für Mathematik belegte er zunächst Mathe-Vorlesungen. Doch unter dem Einfluss von Arthur Burns, dem späteren Chef der US-Notenbank Fed, der damals als Assistent in Rutgers lehrte, schwenkte Friedman auf Ökonomie um. 1932 wechselte er an die Universität in Chicago, wo er bei dem Preistheoretiker Jacob Viner und dem libertären Moralphilosophen Frank Knight studierte. Dort lernte er auch seine spätere Frau Rose Director kennen, die ebenfalls Ökonomie studierte. 1933 ging Friedman nach New York, um an der Columbia-Universität zu promovieren. Doch aus dem erhofften zügigen Erwerb des Doktortitels wurde zunächst nichts. In seiner Dissertation über die Einkommen in freien Berufen legte sich Friedman mit den Ärzten an. Er vertrat die These, dass das überdurchschnittliche Einkommen der Mediziner in erster Linie auf mangelnden Wettbewerb durch Zugangsbeschränkungen zurückzuführen sei. Das Ergebnis stieß in einflussreichen Kreisen der Uni auf vehementen Widerspruch. Erst nach jahrelangem Hin und Her verlieh ihm die Uni 1946 den Doktortitel.

In den Kriegsjahren 1941 bis 1943 arbeitete Friedman in der Steuerforschungsabteilung des Finanzministeriums, wo er an der Entwicklung des Quellenabzugs für die Lohnsteuer beteiligt war, von der sich die Regierung damals eine bessere Kriegsfinanzierung erhoffte. Friedman bezeichnete es später als den größten Fehler seines Lebens, dem Staat zu mehr Einnahmen verholfen zu haben.

Nach einem Zwischenspiel an der University of Minnesota wechselte er 1946 als Professor an die Universität in Chicago. Dort drückte er der Wirtschaftsfakultät in den folgenden drei Jahrzehnten seinen Stempel auf wie kein anderer. Er baute Chicago zum Zentrum der monetaristischen Gegenrevolution gegen die Lehren von Keynes auf und entwickelte die Chicago School of Economics, eine Denkschule, die auf mehr Markt und Wettbewerb und weniger Staat setzte.

Sein erstes großes Werk in Chicago galt der wissenschaftlichen Methodik. Der 1953 erschienene Essay „The Methodology of Positive Economics" ist bis heute der am häufigsten zitierte Artikel zur Methodenlehre in den Wirtschafts- und Sozialwissenschaften. Beeinflusst von den Lehren des Philosophen Karl Popper plädierte Friedman dafür, die empirischen Forschungsmethoden der Naturwissenschaften auf die Ökonomie zu übertragen.

Eine positive Wissenschaft müsse sich in Abgrenzung zu einer normativen Wissenschaft durch werturteilsfreie Aussagen über wirtschaftliche Zusammenhänge auszeichnen, postulierte Friedman. Dazu benötige sie Theorien, die sich empirisch überprüfen lassen. Dadurch seien Aussagen über wirtschaftliche Zusammenhänge möglich, die die Basis für wirtschaftspolitische Handlungsempfehlungen sind.

Nach Ansicht Friedmans stehen die Ökonomen in der Bringschuld, in der wirtschaftspolitischen Diskussion „aus allen möglichen Handlungsalternativen die beste auszuwählen", um die gesellschaftliche Wohlfahrt zu steigern. „Jede politische Entscheidung basiert auf einer Prognose ihrer Konsequenzen, und diese Prognose muss auf einer positiven ökonomischen Analyse beruhen", schrieb Friedman. Theorien, die die Mathematik zu einem selbstreferenziellen System verkommen lassen und keine empirisch überprüfbaren Hypothesen liefern, lehnt er als nutzlos ab. So kritisierte er Ende der Achtzigerjahre seine Kollegen am Massachusetts Institute for Technology (MIT) wegen deren formal-mathematischer Ausrichtung. Das MIT, wetterte Friedman, betreibe Ökonomie „als eine Teildisziplin der Mathematik, als eine rein intellektuelle Spielerei".

Trotz seines Faibles für harte Fakten war sich Friedman der Grenzen seines Ansatzes bewusst. „Eine wissenschaftliche Hypothese lässt sich empirisch nie bestätigen, sondern allenfalls nicht ablehnen. Egal, wie viel Evidenz ich habe, ich kann nie zu 100 Prozent sicher sein, die Wahrheit gefunden zu haben."

In den folgenden Jahren beschäftigte sich Friedman intensiv mit den Werken von John Maynard Keynes, die damals das Denken der Ökonomen und Politiker beherrschten. Zentral für Keynes' Theorie war die Vorstellung, der private Sektor sei inhärent instabil. Daher bedürfe es ständiger staatlicher Interventionen, um ihn wieder ins Gleichgewicht zu bringen. Keynes und seine Jünger führten Arbeitslosigkeit auf eine zu geringe Nachfrage am Gütermarkt zurück. Verantwortlich dafür sei, dass die Konsumquote der Menschen, also der Teil des Einkommens, der in den Konsum fließt, mit steigendem Einkommen sinke. Je reicher eine Volkswirtschaft werde, desto geringer falle die Konsumneigung aus. Die gesamtwirtschaftliche Nachfrage reiche dann nicht mehr, die Produktion auf ein Niveau zu hieven, das Vollbeschäftigung sichert. Aus dieser These leitete Keynes die Forderung ab, der Staat müsse mit zusätzlichen Ausgaben die Nachfragelücke schließen und so für Vollbeschäftigung sorgen.

Friedman brachte dieses keynesianische Theoriegebäude mit seiner 1957 veröffentlichen Arbeit „A Theory of the Consumption Function" zum Einsturz. Während Keynes seine Analyse allein auf theoretische Überlegungen stützte, untermauerte Friedman seine Arbeit mit empirischen Fakten, ganz so, wie er es in seinen methodologischen Werken von einer positiven Wissenschaft gefordert hatte.

Ausgangspunkt seiner Überlegung ist, dass das statistisch gemessene Einkommen eines Haushalts aus einer permanenten und einer transitorischen Komponente besteht. Der permanente Teil entspricht dem langfristig planbaren Einkommen. Der transitorische Teil ergibt sich durch unerwartete Zuflüsse. Ein Beispiel dafür sind Boni oder Dividenden.

Friedmans Analysen zeigten, dass die Konsumausgaben vom permanenten Einkommen bestimmt werden und die Konsumquote stabil ist. Damit widerlegte er die Vorstellung der Keynesianer, die Menschen würden mit steigendem Einkommen immer weniger Teile davon konsumieren und die Wirtschaft totsparen. Die statistisch gemessene hohe Sparquote der Reichen erklärte Friedman dadurch, dass diese überdurchschnittlich hohe transitorische Einkommen erzielen, die zum größten Teil in die Ersparnisse fließen.

Die Feststellung, dass der Konsum vom permanenten Einkommen bestimmt wird und die Sparquote kurzfristige Einkommensänderungen absorbiert, hat eine zentrale politische Konsequenz: Staatliche Nachfragestimuli sind weitgehend sinnlos. In der Rezession mögen die Einkommen zwar sinken. Doch da die Menschen dies als vorübergehend einstufen, halten sie ihren Konsum stabil und zapfen stattdessen ihre Ersparnisse an. Versucht der Staat, die Konjunktur durch Ausgabenprogramme oder befristete Steuersenkungen anzukurbeln, stecken die Bürger das zusätzliche Einkommen in ihre Ersparnisse. Der von Keynes erhoffte Multiplikatoreffekt staatlicher Ausgaben auf Konsum, Beschäftigung und Einkommen bleibt aus. Am Ende sind nur die öffentlichen Schulden gestiegen.

Damit ist Friedman heute aktueller denn je. Einen Beleg für seine Theorie lieferten unter anderem die Steuerschecks, mit denen die US-Regierung in der Finanzkrise versuchte, den Konsum anzukurbeln. Statt auf Shoppingtour zu gehen, stockten die Bürger mit dem Geld ihre Ersparnisse auf.

Sechs Jahre nach seinem Werk über die Konsumfunktion holte Friedman zum nächsten Schlag gegen den Keynesianismus aus. Das National Bureau of Economic Research hatte ihn und die Ökonomin Anna Schwartz beauftragt, den Einfluss monetärer Faktoren auf die wirtschaftliche Entwicklung der USA zu untersuchen. Sieben Jahre arbeiteten Friedman und Schwartz an den Auftrag. Heraus kam der 800 Seiten dicke Wälzer „A Monetary History of the United States, 1867–1960".

In dem Buch erklärten Friedman und Schwartz die Geldgeschichte der USA – und schrieben selbst Geschichte. Kein anderes Buch hat das Denken der Ökonomen über die Rolle des Geldes und der Zentralbanken so revolutioniert wie dieses Werk. Der Arbeitsaufwand war enorm. Weil die US-Notenbank damals keine aggregierten Geldmengendaten besaß, mussten Friedman und Schwartz in mühevoller Detailarbeit historische Daten über Bargeld und Sichteinlagen in den einzelnen Bundesstaaten zusammentragen. Ein Ergebnis dieser Arbeit war die Entwicklung des Geldmengenkonzepts für M1 (Bargeld und Sichteinlagen) und M2 (M1 plus Termineinlagen).

Friedman und Schwartz zeigten, dass eine veränderte Geldmenge großen Einfluss auf Konjunktur und Inflation hat. Kräftige Ausweitungen der Geldmenge gehen mit kräftigen Aufschwüngen und steigender Inflation, Kontraktionen mit Abschwüngen und sinkender Inflation einher. Damit widerlegten sie die „Money doesn't matter"– These von Keynes und bestätigten die Quantitätstheorie des Geldes. Diese besagt, dass das Produkt aus der Geldmenge (M) und ihrer Umlaufgeschwindigkeit (v) dem Produkt aus dem Preisniveau (P) und dem realen Handelsvolumen beziehungsweise reale Bruttoinlandsprodukt (Y) entspricht.

Auf Basis ihrer Ergebnisse führen Friedman und Schwartz die Weltwirtschaftskrise der Dreißigerjahre auf geldpolitische Fehler der Fed zurück. Vom zyklischen Hoch im August 1929 bis zum Tief im März 1933 ging die Geldmenge in den USA um mehr als ein Drittel zurück. Statt den Banken frisches Geld zur Verfügung zu stellen, blieb die Notenbank passiv. Die schrumpfenden Zentralbankgeldbestände zwangen die Banken, Kredite vorzeitig fällig zu stellen und ihren Kunden die Kreditlinien zu kürzen. Die Bilanzsumme des Bankensektors schrumpfte, die Geldmenge auch.

Erst nachdem die Geldmenge 1933 wieder expandierte, erholte sich die Wirtschaft. 1937/38 machte die Fed den nächsten Fehler. Sie verdoppelte die Mindestreserve-Pflicht der Banken und entzog ihnen freie Überschussreserven. Die Wirtschaft stürzte erneut in die Rezession. „Die Große Depression", urteilte Friedman, „wurde wie die meisten Phasen hoher Arbeitslosigkeit durch das Versagen staatlicher Instanzen, nicht aber durch eine inhärente Instabilität der Privatwirtschaft verursacht."

Friedman empfahl den Zentralbanken daher, eine Geldpolitik der ruhigen Hand zu betreiben und die Preise stabil zu halten. Vehement wandte er sich gegen die Vorstellung keynesianischer Ökonomen, die Zentralbank könne durch mehr Inflation die Arbeitslosigkeit senken. Sein Credo: Die Arbeitnehmer unterliegen allenfalls kurzfristig einer Geldillusion. Mittelfristig setzen sie höhere Löhne zum Ausgleich der Inflation durch. Der Zuwachs der Reallöhne lässt dann die Arbeitslosigkeit wieder auf das Ausgangsniveau steigen

Um die Preise stabil zu halten, empfahl Friedman, die Geldmenge um einen jährlich festen Prozentsatz zu erhöhen, der dem Wachstum des Produktionspotenzials entspricht. 1975 folgte die Bundesbank als erste Notenbank der Welt dem Friedmanschen Konzept und verkündete ein Geldmengenziel. 1979 schwenkte auch die Fed um und versuchte, über die Steuerung der Zentralbankguthaben der Geschäftsbanken die Geldmenge M1, später auch M2, stabilitätsgerecht auszuweiten. Doch 1982 gab die Fed das monetaristische Experiment auf. Finanzinnovationen und Deregulierung hatten zu heftigen Schwankungen der Geldnachfrage und damit der Umlaufgeschwindigkeit des Geldes geführt. Der Zusammenhang zwischen Geldmenge, Wachstum und Preisen hatte sich zu stark gelockert.

Mit Ausnahme der Europäischen Zentralbank (EZB), die im Rahmen ihrer Zwei-Säulen-Strategie weiter die Geldmenge beobachtet, haben die meisten Zentralbanken das monetaristische Konzept zu den Akten gelegt. Stattdessen versuchen sie, die Inflation direkt durch Zinsänderungen zu steuern (inflation targeting). Die Geldmenge spielt dabei keine Rolle mehr.

Für Kritiker jedoch hat dieser Ansatz entscheidend zur Finanzkrise beigetragen. Durch die Fokussierung auf die Verbraucherpreise blendeten die Notenbanken aus, dass die Kredit- und Geldmengen kräftig zulegten und die Preise an den Vermögensmärkten gefährlich in die Höhe schossen.

So könnte eine der wichtigsten Lehren aus der Finanzkrise sein, dass die Notenbanken in Zukunft wieder mehr auf die Entwicklung von Kredit- und Geldmengen achten. Denn die Beobachtung Friedmans, dass „Inflation immer und überall ein monetäres Phänomen ist", ist nach wie vor gültig.

Nach seinen akademischen Erfolgen wandte sich Friedman Mitte der Sechzigerjahre einem breiteren Publikum zu. Regelmäßige Kolumnen im US-Magazin „Newsweek", Fernsehauftritte und zahlreiche Vorträge sorgten dafür, dass er Ende der Sechzigerjahre der führende libertäre Denker in den USA geworden war. Die intellektuellen Grundlagen für seinen Kreuzzug für die Freiheit hatte er 1962 mit dem Buch „Kapitalismus und Freiheit" gelegt. Das Werk ist neben Friedrich August von Hayeks „Der Weg zur Knechtschaft" das wohl wichtigste libertäre Manifest des 20. Jahrhunderts. Mit brillanter Rhetorik fordert Friedman darin die Abschaffung aller Zölle und Subventionen, den Verzicht auf Mindestlöhne, die Privatisierung der Sozialversicherung, den freien Zugang zu allen Berufen, die Einführung von Bildungsgutscheinen, die Abschaffung der Wehrpflicht – und sogar die Freigabe von Drogen.

Mit seiner Radikalität machte er sich viele Feinde. Als Friedman 1976 den Wirtschaftsnobelpreis erhielt, protestierten bei der Verleihung in Stockholm Tausende Gegner gegen die Preisvergabe. Der Grund: Mehrere Schüler Friedmans waren nach dem Militärputsch in Chile 1973 zu hochrangigen Wirtschaftsberatern des Diktators Augusto Pinochet aufgerückt.

Friedman hatte jedoch nur wenig Kontakt zu seinen Schülern, den sogenannten „Chicago boys", und machte klar, dass er keinerlei Sympathie für Pinochets Regime hegte. Doch hoffte er, dass die von seinen Schülern vorangetriebenen liberalen Wirtschaftsreformen die Basis für Wohlstand und politische Reformen legen könnten.

Anfang der Achtzigerjahre berief US-Präsident Ronald Reagan Friedman zu seinem wichtigsten Wirtschaftsberater. Reagan setzte um, was Friedman ihm aufschrieb: niedrigere Steuern, weniger Staatsausgaben, mehr Wettbewerb. Friedman hatte geschafft, was sein Kollege in Chicago, George Stigler, schon immer gewusst hatte: „Milton will die Welt verändern. Ich will sie nur verstehen."

ZITATE

„Die Lösung der Regierung zu einem Problem ist normalerweise genauso schlecht wie das Problem."

„Die soziale Verantwortung eines Unternehmens besteht darin, seinen Profit zu erhöhen."

„Der einzige Weg, das Verhalten der Politiker zu ändern, ist, ihnen das Geld wegzunehmen."

„Inflation ist immer und überall ein monetäres Phänomen."

„Der fundamentale Trugschluss im Wohlfahrtsstaat, der sowohl in die Finanzkrise als auch zum Verlust der Freiheit führt, liegt im Versuch, Gutes auf Kosten anderer zu tun."

„Der einzige Grund, warum freie Märkte auch nur den Hauch einer Chance haben, ist, dass sie so viel effizienter sind als jede andere Form der Organisation."

Literatur

The Methodology of Positive Economics, in: Essays In Positive Economics, Chicago, University of Chicago Press, 1953. Friedmans methodologische Arbeit legte das Fundament für die moderne Wirtschaftsforschung: Jede Theorie muss empirisch überprüfbar sein, um daraus Handlungsempfehlungen ableiten zu können.

A Theory of the Consumption Function, Princeton University Press, 1957. Friedmans Konsumtheorie stellt einen radikalen Bruch mit der Unterkonsumptionstheorie von Keynes dar. Friedman zeigt, dass der Konsum vom permanenten Einkommen bestimmt wird und die Konsumquote stabil ist.

Der Polarisierer – Milton Friedman

Kapitalismus und Freiheit, 1962, Eichborn, Piper. Das Werk ist ein Meilenstein libertärer Geistesgeschichte des 20. Jahrhunderts. Ein rigoroses Plädoyer für Freiheit und Marktwirtschaft.

A Monetary History of the United States, 1867–1960, Coautorin: Anna J. Schwartz, Princeton University Press, 1963. In diesem monumentalen Werk belegt Friedman die überragende Bedeutung der Geldpolitik für Konjunktur und Inflation und zeigt, dass die Große Depression auf Fehler der amerikanischen Notenbank zurückzuführen ist.

Free to choose, Coautorin: Rose Friedman, Thomson Learning, 1980. Das Begleitbuch zur gleichnamigen Fernsehserie, in der die Friedmans einem breiten Publikum die Vorzüge freier Märkte vor Augen führten.

Two lucky people, Memoirs, Coautorin: Rose Friedman, University of Chicago Press, 1999. Die Memoiren von Friedman und seiner Frau Rose mit einem starken Fokus auf ihr Berufsleben als Wissenschaftler.

Lanny Ebenstein: **Milton Friedman, A Biography**, Palgrave MacMillan, 2007. Eine umfassende, von Friedman in großen Teilen gegengelesene Biografie.

●●

Der letzte Generalist –
Paul A. Samuelson

Paul Anthony Samuelson hat die Volkswirtschaftslehre des
20. Jahrhunderts wie kaum ein anderer Ökonom seiner Generation
geprägt. Er trieb die Mathematisierung voran, modernisierte den Keynesianismus – und schrieb das meistverkaufte VWL-Lehrbuch aller Zeiten.

An mangelndem Selbstvertrauen hat er nicht gerade gelitten. Als Paul Samuelson Anfang der Vierzigerjahre an der Harvard-Universität seine Dissertation verteidigte, waren seine prominenten Prüfer baff. „Haben wir jetzt bestanden, Wassily?", soll Starökonom Joseph Schumpeter damals seinen nicht minder berühmten Kollegen Wassily Leontief gefragt haben, als der junge Student seinen virtuosen Vortrag vor der Prüfungskommission beendet hatte.

Exzellente Ökonomen gibt es viele, doch nur wenige von ihnen überragen noch einmal den Rest. Samuelson zählte zu jenen wissenschaftlichen Riesen seiner Zeit, er war ein Ausnahmeökonom, der der Volkswirtschaftslehre des 20. Jahrhunderts über alle ideologischen Gräben hinweg seinen Stempel aufdrückte. „Die Ökonomie, wie wir sie kennen, ist in weiten Teilen erst von Paul Samuelson begründet worden", sagt Wirtschaftsnobelpreisträger Paul Krugman, sein einstiger Student und späterer Kollege am Massachusetts Institute of Technology (MIT). „Er ist der Vater der modernen Volkswirtschaftslehre."

Ein Blick auf seinen Output lässt dies erahnen: Rund 600 wissenschaftliche Beiträge hat Samuelson in mehr als 50 Jahren Forschungsarbeit seit 1938 veröffentlicht. Die siebenbändige Samuelson-Werkausgabe des MIT füllt mehr als 8000 Seiten. Sein in 19 Sprachen übersetztes, 1948 veröffentlichtes Standardwerk „Economics" ist mit über vier Millionen Exemplaren bis heute das meistverkaufte VWL-Lehrbuch aller Zeiten. Einige 1000 Kolumnen hat der US-Ökonom zudem über die Jahrzehnte in der Presse veröffentlicht. Samuelsons Werk und Wirken, das fast ein ganzes Jahrhundert umspannte und erst mit seinem Tod im Dezember 2009 im Alter von 94 Jahren ein Ende fand, sind vielschichtig und von beeindruckender analytischer Tiefe. Wer war dieser Mann?

Wer Samuelson verstehen will, muss in die Zeit seiner Jugend zurückblicken: Geboren am 15. Mai 1915 in Gary im US-Bundesstaat Indiana als Kind polnisch-jüdischer Einwanderer, erlebte Samuelson den „Boom and Bust", den steilen Aufstieg und Fall der Weltwirtschaft in den Zwanzigerjahren hautnah mit. Gary war eine von der Stahlindustrie geprägte, junge Stadt im Mittleren Westen. Scharen osteuropäischer Arbeiter strömten im Gefolge des Stahlbooms während des Ersten Weltkriegs in seine Fabriken. Sie schufteten sieben Tage die Woche zwölf Stunden am Tag, um ein Stück Wohlstand zu ergattern.

Nur wenige Jahre später standen viele mittellos auf der Straße. Samuelson – seine Eltern Frank und Ella besaßen mehrere Apotheken – war selbst zwar nur mittelbar von der Krise betroffen. Doch das soziale Elend, das mit der großen Depression um sich griff, erschütterte ihn zutiefst – und er entschied sich, Ökonomie zu studieren. 1932, auf dem Höhepunkt der Krise, schrieb sich der 16-Jährige an der Universität Chicago ein, die damals mit Ökonomen wie Frank Knight, Jacob Viner und Paul Douglas eine Hochburg der traditionellen neoklassischen Schule war. Samuelson suchte in den Hörsälen am Lake Michigan nach Erklärungen für die Probleme seiner Zeit. Doch Chicago lehrte eine Welt des stabilen Gleichgewichts, die den zügigen Ausgleich von Angebot und Nachfrage predigte und keine dauerhafte Massenarbeitslosigkeit kannte. „Was man mir in Chicago beibrachte, konnte ich nicht mit dem in Übereinstimmung bringen, was ich auf den Straßen sah", sagte er später.

Kurze Zeit darauf, 1936, veröffentlichte der britische Ökonom John Maynard Keynes seine „General Theory of Employment, Interest and Money", die die Wirtschaftsprobleme seiner Zeit aufgriff und in eine neue Theorie integrierte. Keynes argumentierte, dass die Preise und Löhne in der Realität oft unflexibel seien. Dies verhindere den automatischen Ausgleich von Angebot und Nachfrage auf den Güter- und Arbeitsmärkten und führe so zu dauerhaften Ungleichgewichten. Da der Markt sich aus Keynes' Sicht nicht selbst korrigieren kann, forderte er einen stärkeren Staat, der über schuldenfinanzierte Ausgabenprogramme den Konsum ankurbeln, die Arbeitslosigkeit zurückdrängen und so die Wirtschaft auf einen neuen Wachstumspfad führen sollte.

Das Buch schlug in Wissenschaft und Politik ein wie eine Bombe. „Mein Chicago-trainiertes Gehirn widerstand zunächst der keynesianischen Revolution. Aber die Vernunft gewann schließlich gegen Tradition und Dogma die Oberhand", erinnerte sich Samuelson. Er wurde Keynesianer, doch anders als viele Kollegen blieb er ein kritischer Parteigänger: „Mein Keynesianismus war immer in Entwicklung – weg vom Neanderthal-Modell der Anfangszeit." Aufbauend auf den Arbeiten des Ökonomen John Hicks entwickelte er mit den Kollegen Modigliani, Tobin und Solow Keynes' Modelle weiter und durchdrang sie mathematisch. In den Fünfzigerjahren mündete diese Forschung in die „Neoklassische Synthese", die als eines der großen Verdienste Samuelsons um die Volkswirtschaftslehre gilt. Sie verbindet in dem bekannten IS-LM-Modell keynesianische und neoklassische Elemente: Auf lange Sicht befindet sich der Arbeitsmarkt im Gleichgewicht, kurzfristig herrschen keynesianische Rigiditäten vor.

Die Synthese symbolisierte, wofür Samuelson zeit seines Lebens stand: einen undogmatisch-pragmatischen Ansatz, die Bereitschaft, die eigenen Erkenntnisse immer neu zu prüfen, und das Bemühen, Theorie und Wirklichkeit in Einklang zu bringen. „Ich bin ein Cafeteria-Keynesianer", sagte er im Frühjahr 2009 dem Magazin „The Atlantic". „Ich picke mir wie ein Cafeteria-Katholik die Teile aus der Doktrin heraus, die mir passen."

Sein Wunsch nach Konsistenz und Klarheit ließ den jungen Wissenschaftler früh in ein für die Volkswirtschaftslehre damals kaum genutztes Terrain vorstoßen: die Mathematik. Der verbale Ausdruck in der Ökonomie – bis dahin noch allgemeiner Standard – störte ihn wegen seiner Widersprüche und Unklarheiten. Samuelson suchte nach einem klaren methodischen Fundament. In Harvard, wo er nach 1935 sein Studium als Graduierter fortsetzte, durchforstete er auf eigene Faust die Bibliotheken nach „brauchbarer Mathematik". In den Vorlesungen fiel er durch kluge und nicht selten besserwisserische Kritik an seinen Dozenten auf. Schnell hatte er in Harvard den Ruf eines hochbegabten „Enfant terrible" weg.

1947 veröffentlichte Samuelson die „Foundations of Economic Analysis", sein erstes großes Werk, das international Aufsehen erregte. Es war der Versuch, die VWL in ihrer Breite mathematisch zu durchdringen und somit auf eine neue theoretische Grundlage zu stellen. Samuelson war es, der als Erster den Ansatz der Maximierung unter Nebenbedingungen systematisch auf die Breite ökonomischer Probleme anwandte und damit einen Paradigmenwechsel in der VWL einleitete – hin zur Mathematisierung des Fachs. Oft betonte er damals, wie viel die VWL von der Physik lernen könne. Seine Zunft nahm ihn allzu wörtlich. Spätestens seit den Siebzigerjahren war ohne mathematische Formeln in den angesehenen Journalen kein Staat mehr zu machen. „Irgendwann ist die herzliche Umarmung der Mathematik in blinde Verliebtheit und schließlich in Besessenheit umgeschlagen", kritisiert der Princetoner Ökonom Alan Blinder.

In der aktuellen Finanzkrise musste sich die Ökonomenzunft den Vorwurf gefallen lassen, über die Mathematisierung des Fachs ihre Prognosekraft und Weitsicht verloren zu haben. Samuelson selbst hatte dies vorausgesehen und gewarnt, aus „Physikneid" die Formalisierung des Fachs auf die Spitze zu treiben: „Die ökonomischen Probleme sollen uns vorgeben, mit welcher Mathematik wir uns beschäftigen – nicht umgekehrt." Dass er die Volkswirtschaftslehre mit der Mathematik verband und sie so stringent und klar machte, bleibt ungeachtet dessen eines seiner großen Verdienste.

Das Harvard der Dreißigerjahre bot dem jungen Samuelson zunächst die intellektuelle Herausforderung, die er suchte. Die wirtschaftswissenschaftliche Fakultät erlebte eine neue Blütezeit, auch bedingt durch die Flucht vieler europäischer Gelehrter vor der Nazidiktatur. Joseph Schumpeter, Wassily Leontief, Gottfried Haberler und andere ließen sich an der Ostküstenfakultät nieder. Samuelson war von Schumpeter und Leontief beeindruckt, was auf Gegenseitigkeit zu beruhen schien. Doch trotz seines überragenden Abschlusses bot Harvard Samuelson nur einen drittrangigen Posten an, was Zeitgenossen seiner Jugend, seinem forschen Auftreten und antijüdischen Ressentiments an der Fakultät zuschrieben. „Antisemitismus war omnipräsent im Wissenschaftsbetrieb vor dem Zweiten Weltkrieg – hier und anderswo", konstatierte Samuelson nüchtern. „Natürlich wussten meine WASP-Frau (Weiß, Angel-Sächsisch, Protestantisch) und ich, dass dies meine Karriere in Harvard beeinflussen würde."

Anfang der Vierzigerjahre machte ihm das MIT ein Angebot und der frisch verheiratete Samuelson zog mit seiner Frau Marion Crawford, auf die zuvor auch Schumpeter ein Auge geworfen hatte, drei Meilen nach Süden an den Charles River. Mit ihr bekam er sechs Kinder, darunter Drillingsjungen. „Zuerst bekamen wir ein Kind, dann das zweite, dann das dritte, dann bekamen wir Angst", scherzte er einmal.

Es folgten Jahrzehnte außergewöhnlicher Produktivität. Das MIT sollte sich zu einem Powerhouse ökonomischer Forschung entwickeln, es zog Talente wie Tobin, Solow, Merton, Klein, Stiglitz und Krugman an, die mit Samuelson zusammenarbeiteten und alle den Nobelpreis erhielten. Samuelson fand am MIT ideale Bedingungen vor und blieb zeit seines Lebens dort. Fachlich spezialisierte er sich nicht auf ein Teilgebiet, sondern stürzte sich auf alles, was ihn interessierte, und trieb so die ökonomische Forschung an vielen Stellen gleichzeitig voran: In der Mikroökonomie entwarf er das Konzept der offenbarten Präferenz (revealed preference), das erstmals den Nutzen von Konsumenten anhand ihrer konkreten, beobachtbaren Entscheidungen zu ermitteln suchte. In der Wohlfahrtsökonomie wandte er sich Verteilungsfragen zu und konkretisierte die Konzepte von Pareto & Co. in einer mathematisch präzisierten sozialen Wohlfahrtsfunktion (Bergson-Samuelson-Wohlfahrtsfunktion).

In der Außenhandelstheorie setzte er mit dem Stolper-Samuelson-Theorem einen neuen Standard. Das Modell erklärt, wie sich Änderungen der Güterpreise auf die Preise der Produktionsfaktoren auswirken. Seine Forschung fließt bis heute in Debatten über den Freihandel ein, in die sich der Ökonom selbst gern einschaltete. Allerdings machte er sich auf diesem Feld mit seinen Thesen angreifbar; Kritiker werfen ihm verkappten Protektionismus vor. 2004 etwa erregte Samuelson Aufsehen mit der Forderung, das Tempo der Globalisierung zu drosseln. Seine umstrittene These: Ein reicheres Land könne netto durch Freihandel verlieren, wenn das ärmere Land nur in den Bereichen aufhole, in denen das andere seine komparativen Vorteile habe.

In den Fünfzigerjahren entwickelte Samuelson zudem eine Theorie öffentlicher Ausgaben, die ökonomisch-mathematisch begründete, welche Güter und Dienstleistungen der Staat bereitstellen solle und welche nicht. In die gleiche Dekade fiel sein neues Modell überlappender Generationen (Overlapping Generations Model, kurz OLG), das sich mit Verschuldung und Kreditvergabe im Kontext mehrerer Generationen auseinandersetzte. Bekannt wurden auch seine mit dem MIT-Kollegen Robert Solow entwickelten Makromodelle. „Kein Ökonom hat so viele bahnbrechende Ideen gehabt wie er“, sagt sein Schüler Krugman. Sein einstiger Assistent am MIT, der Nobelpreisträger Joseph Stiglitz, konstatiert: „Er zeigte uns, dass Breite und Tiefe der Analyse nicht im Trade-off zueinander stehen müssen.“ Und was sagt der Altmeister selbst? „Meine Arbeit war für mich wie ein Spiel“, so Samuelson. „Ich hatte immer den Eindruck, für das, was ich tue, überbezahlt zu sein – es war purer Spaß.“

1970, mit 55 Jahren, erhielt Samuelson für sein Lebenswerk als erster Amerikaner den ein Jahr zuvor begründeten Wirtschaftsnobelpreis. Zu diesem Zeitpunkt hatte er seinen wissenschaftlichen Zenit bereits erreicht. Der

Keynesianismus begann in der wirtschaftspolitischen Diskussion an Rückhalt zu verlieren, denn nun waren es seine Theorien, die keine Erklärungen für die Wirtschaftsprobleme der Zeit mehr lieferten: Hohe Haushaltsdefizite, Inflation und Arbeitslosigkeit traten gleichzeitig auf und bescherten der westlichen Welt Stagflation und Schuldenspiralen. Der keynesianische Trade-off zwischen Arbeitslosigkeit und Inflation versagte. Die Monetaristen um den Chicagoer Ökonomen Milton Friedman, die Inflation über die Geldmenge zu kontrollieren suchten, übernahmen die Deutungshoheit.

Inhaltlich lagen zwiscen Samuelson und dem drei Jahre älteren Friedman Welten: Dessen absoluter Glaube an die Selbstregulierungskräfte der Märkte stieß bei Samuelson auf Unverständnis. Friedman sei „libertär bis zur Verrücktheit" gewesen. „Die Leute dachten, er scherze, aber er war tatsächlich gegen Examina für Chirurgen und ähnliche Dinge", sagte er. In all den Jahren, in denen die beiden Starökonomen in Sitzungen der US-Notenbank Fed aufeinandertrafen, seien sie sich nur zweimal über den Verlauf des Konjunkturzyklus einig gewesen.

Seit Mitte der Sechzigerjahre lieferten sich die beiden im Wochentakt Gefechte in Kolumnen für das Magazin „Newsweek". Dennoch blieben sie zeit ihres Lebens befreundet. Ähnlich zwiespältig war Samuelsons Verhältnis zum amerikanischen Notenbank-Chef Alan Greenspan, den er persönlich schätzte, doch aufgrund seines Marktliberalismus scharf anging. „An seiner Bürowand hängt wahrscheinlich die Anweisung: Nichts, was dieses Büro verlässt, soll das kapitalistische System beschädigen. Gier ist gut", spottete Samuelson noch kurz vor seinem Tod.

Der Effizienzmarkthypothese, die Ökonomen wie Eugene Fama, Robert Lucas und Thomas Sargent verfochten, stand Samuelson skeptisch gegenüber. Dass der Markt über alle Informationen verfügt und so die korrekten Preise reflektiert, hielt er für eine Illusion. „Die wirkliche Verrücktheit (...) war nicht der Monetarismus Friedmans, sondern die Positionen von Lucas und Sargent", sagte er. Doch diese Kritik offenbarte auch seine eigenen Schwächen und Widersprüche: Samuelson warnte vor den Gefahren ungezügelter Finanzmärkte, doch zugleich goss er selbst Öl ins Feuer, indem er am MIT komplexe Finanzprodukte entwickelte. In der aktuellen Finanzkrise rang er sich dafür ein „mea culpa" ab.

In der Finanzmarkttheorie war er ein Mitbegründer der Random-Walk-Hypothese, die besagt, dass die Vermögenspreise stetig um einen Durchschnitt fluktuieren und daher einzelne Investoren den Markt nicht schlagen können. In der Praxis hingegen gehörte der US-Ökonom zu den Ersten, die nach dem Zweiten Weltkrieg bei Hedgefonds einstiegen, die genau diese „Beat-the-Market-Strategie" verfolgten und damit viel Geld verdienten. Der Wirtschaftsjournalist Sebastian Mallaby widmet Samuelsons finanziellem Engagement in seinem Bestseller zur Geschichte der Hegdefonds gleich den Titel eines ganzen Kapitels: „Samuelson's Secret". Anspruch und Wirklichkeit sind also auch bei einem Nobelpreisträger nicht immer deckungsgleich.

Bei aller Kritik bleiben die großen Verdienste Samuelsons um die Volkswirtschaftslehre unbestritten. Bis heute arbeiten Ökonomen rund um den Globus auf Basis seiner Modelle und Methoden. Doch war bei all seinen Erfolgen nicht auch etwas Glück im Spiel? „Ja", sagte Samuelson. „Ich war immer zur richtigen Zeit am richtigen Ort." Doch wahr sei auch, dass Glück selten vom Himmel falle, zitiert er dann Louis Pasteur. „Glück trägt Früchte in einem vorbereiteten Verstand."

● ●

ZITATE

„Unterschätze niemals die blendende Macht eines schönen Fehlers."

„Lasst jene, die sich berufen fühlen, die Gesetze dieses Landes schreiben – wenn ich seine VWL-Lehrbücher schreiben darf."

„Effizienz ist schwer zu definieren, schwerer zu messen und noch schwerer zu verbessern."

„Sogar eine angehaltene Uhr zeigt bisweilen die richtige Zeit an. Aber nur diejenigen, die eine gute Uhr haben, können dies feststellen."

● ●

Paul Samuelson/William Nordhaus: **Economics** (McGraw-Hill); ein Standardwerk der VWL – und das meistverkaufte Ökonomie-Lehrbuch aller Zeiten.

Paul Samuelson: **The Collected Scientific Papers** (MIT-Press, sieben Bände). Für Feinschmecker: die gesammelten Werke auf rund 8000 Seiten.

Paul Samuelson: **How I became an Economist** (www.nobelprize.org/no-bel_prizes/economics/laureates/1970/samuelson-article2.html). Unter dem Link finden sich Reden und Artikel von Samuelson.

Michael Szenberg et al: **Paul Samuelson – On Being an Economist** (Jorge Pinto Books). Eine aktuelle Biografie über Samuelson mit vielen Informationen und Anekdoten über sein Leben und Wirken.

Paul A. Samuelson/ William A. Barnett: **Große Ökonomen im persönlichen Gespräch: Wie Volkswirtschaftslehre Geschichte schreibt** (Wiley Verlag).

Der letzte Generalist – Paul A. Samuelson

Entdecker des Wachstums – Robert Solow

Was führt in unserer Welt zu Wohlstand und Wachstum? Der Amerikaner **Robert Solow** fand eine Antwort und prägte damit den Kern der modernen Ökonomie.

Vielleicht ist es das höchste Lob, mit dem man einen Nobelpreisträger rühmen kann: „Er hat einen sehr gesunden Menschenverstand!" Das sagt Carl Christian von Weizsäcker, angesehener Emeritus an der Universität Köln, über seinen alten Lehrer Robert Merton Solow. Im Klartext heißt das: Solow, der Erfinder der Wachstumstheorie, ist nicht nur blitzgescheit und genial, sondern auch in Alltagsdingen überaus klug. Und dazu noch ein furchtbar netter Kerl.

Generationen von Ökonomen – angefangen bei Adam Smith – hatten nach der Ursache von Wachstum und Reichtum gesucht. Was beschert uns dauerhaftes Wachstum? Solow lieferte die Antwort: Neue Ideen und Erfindungen sind der Motor einer Volkswirtschaft. 1957 zeigte der statistikbegeisterte Ökonom, dass sieben Achtel des amerikanischen Wirtschaftswachstums seit der Wende zum 20. Jahrhundert auf technischen Fortschritt zurückzuführen waren. Sein neu entwickeltes Wachstumsmodell ebnete den Weg für eine hochdetaillierte Datenanalyse und damit für eine neue Fachdisziplin, das sogenannte „Growth Accounting". Solow gilt darum als Begründer der Wachstumstheorie. Drei Jahrzehnte nach seiner bahnbrechenden Publikation erhielt er 1987 den Nobelpreis.

Ins Rampenlicht hat sich der 1924 in New York geborene Sohn jüdischer Einwanderer aus Russland nie gedrängt. Wer etwas über ihn wissen will, muss seine Weggefährten und Schüler fragen. Solow sei ein „sehr warmherziger Mensch, der auch sehr witzig sein kann", berichtet von Weizsäcker, der vor Jahrzehnten als Gastprofessor am Massachusetts Institute of Technology (MIT) Solow kennenlernte. Als Wissenschaftler habe Solow keynesianisches und neoklassisches Gedankengut vereint.

Solows berühmtes Wachstumsmodell ist allerdings rein neoklassisch. Die langfristige Wachstumsrate hängt danach allein vom technischen Fortschritt und dem Wachstum des Arbeitsangebots ab. Setzt man das Wachstum des Arbeitsangebots dem Bevölkerungswachstum gleich, dann wächst das Pro-Kopf-Einkommen im selben Maß („Steady State") wie das technologische Wachstum. Ohne technischen Fortschritt ist demzufolge dauerhaftes Wachstum des Pro-Kopf-Einkommens nicht möglich. Gerade darum aber haben arme Länder gute Chancen, zu den reichen Nationen aufzuschließen.

Für die Wirtschaftspolitik ließ sich aus Solows Modell ableiten, dass es sich für den Staat lohnt, Forschung und Entwicklung zu unterstützen. Konjunkturprogramme dagegen, die kurzfristig die Investitionstätigkeit ankurbeln sollen, bringen kaum etwas.

Solows Lehre passte hervorragend in den weltweiten Zeitgeist um 1960 – und verstärkte ihn. Das reichte vom ambitionierten Raumfahrtprogramm der USA bis in die Bundesrepublik Deutschland, die sich 1962 ein Bundesforschungsministerium zulegte. Technische Neuerungen haben schon die Kindheit des späteren Nobelpreisträgers in New York, der damaligen Weltmetropole des technischen Fortschritts, geprägt: Das Radio war ein neues, revolutionäres Medium, der Tonfilm kam auf, wenig später das Fernsehen. Und immer mehr Autos fuhren durch die Stadt.

Doch dieser Fortschritt ist bedroht. Als Achtjähriger bekommt Solow die wirtschaftliche Depression hautnah zu spüren. „Ich habe sehr genau mitbekommen, dass meine Eltern sich ständig Sorgen ums Geld machten", erzählt er später. Sein Vater ist Pelzhändler, hat zwar ein sehr gutes Auge für die Qualität seiner Waren, mag aber seinen Beruf eigentlich nicht. Die Branche ist unsicher, während der Weltwirtschaftskrise können sich nur wenige Leute Pelzmäntel leisten. Sein Sohn Bob hat dann auch andere Interessen: Schon im ersten Schuljahr fällt seine hohe mathematische Begabung auf. Viel später, in seinem letzten Jahr an der Highschool, verschlingt er die großen französischen und russischen Romane des 19. Jahrhunderts. Mit 16 erhält er ein Stipendium für eines der angesehensten Colleges der USA. In Harvard interessieren ihn erst einmal Soziologie und Anthropologie, daneben auch Wirtschaftswissenschaften.

Geld hingegen interessiert ihn wenig. Die Bücher für sein Studium finanziert er mit zwei Teilzeitjobs als Bibliotheksgehilfe und als Tellerwäscher in einem Restaurant. Jahre später, als Harvard University seine Promotion, in der es um Einkommensverteilung geht, als beste wirtschaftswissenschaftliche Doktorarbeit auszeichnet, holt Solow das Preisgeld nie ab. Das waren 500 Dollar – nach heutiger Kaufkraft das Zehnfache. „Ich habe mir meine Arbeit angeschaut und gedacht: Die kannst du noch verbessern. Aber das Überarbeiten war mir zu langweilig. Deshalb habe ich die Arbeit nie eingereicht und nie den Scheck bekommen", erzählte Solow als alter Mann.

Davor allerdings erlebt Solows Karriere eine wegweisende Unterbrechung. 1942 meldet sich der 18-jährige Student zur Army. Drei Jahre lang dient er auf Kriegsschauplätzen in Nordafrika und Italien, erlebt Teamwork und die Loyalität gegenüber Kameraden ganz anderer Herkunft: „Ich habe dort bemerkenswerte Männer kennengelernt, die in jeder Situation voller Humor und Anstand waren." Für Solow auf Dauer prägend: Auch im oft wenig kollegialen Wissenschaftsbetrieb teilt er gerne seinen wachsenden Ruhm mit anderen. „Mit Solow zusammenzuarbeiten hieß, dass er am Ende die ganze Arbeit übernahm und alle Ergebnisse zusammenschrieb", erinnert sich von Weizsäcker.

Der Soldat setzt nach seiner Rückkehr aus Europa das Studium fort – jetzt aber mit dem Schwerpunkt Ökonomie – „zufällig", wie er später sagt. Sein Lehrer und Freund wird Wassily Leontief (1905–1999), der Erfinder der Input-Output-Rechnungen. Als dessen Assistenzprofessor lernt er, empirisch zu arbeiten, und berechnet Kapitalfaktoren für Leontiefs Modelle, welche das Zusammenspiel verschiedener Faktoren im Produktionsprozess beschreiben.

Der junge Ökonom beginnt sich intensiv mit Statistik und Wahrscheinlichkeitsrechnungen auseinanderzusetzen. Er heiratet und wechselt 1949 die Hochschule. Das MIT, wie Harvard in Cambridge bei Boston gelegen, wird zum Mittelpunkt seines professionellen Lebens. Solow sitzt in Zimmer 383 B, Wand an Wand mit seinem Lehrer Paul Samuelson (1915–2009). Für Solow ist das Forschen mit Samuelson „ein unschätzbar wichtiger Teil meines Berufslebens". Ein Leben mit „nahezu täglichen Gesprächen über Ökonomie, Politik, unsere Kinder, Gott und die Welt", beschreibt er die Nachbarschaft mit dem Lehrbuchautor, der 1970 den Nobelpreis erhält.

Solow bleibt bis zur Emeritierung in dem winzigen Assistentenbüro, weil ihm die Nachbarschaft zu Samuelson so wichtig ist. Als Hobbysegler ist er es gewohnt, mit wenig Platz auszukommen. Außerdem kann er sich in seinem Assistenten-Kabuff viel ordentlicher und besser organisieren als der chaotische Samuelson, der sich in seinem großen Professorenbüro unter Bergen von Notizen vergräbt. „Samuelson war der geniale Geist des MIT, doch Solow der starke Mann. Durch ihn ist das MIT zum weltweit führenden Department für Ökonomie geworden", sagt von Weizsäcker.

Und Solow revolutioniert das Fach. Er entwirft am MIT das Gegenmodell zu der in den Fünfzigerjahren modernen, keynesianisch orientierten Wachstumstheorie von Roy Harrod (1900–1978) und Evsey Domar (1914–1997): Die beiden Ökonomen konzentrierten sich vor allem auf die Nachfrageseite.

Solow analysiert dagegen die Angebotsseite. In seiner Welt ist das Verhältnis der Produktionsfaktoren Kapital und Arbeit flexibel. Allerdings darf nie auf einen Faktor vollkommen verzichtet werden. Solow unterstellt, dass jede zusätzliche Einheit Arbeit oder Kapital umso weniger Zusatzertrag bringt, je mehr davon schon eingesetzt ist.

Die erste Konsequenz daraus ist, dass die Modellwelt langfristig tatsächlich immer wieder in einen Gleichgewichtszustand strebt: Besteht etwa zeitweilig ein Überangebot an Arbeitskräften (ein Mangel an Kapital), so gerät zwar der Reallohn unter Druck. Andererseits aber wird es attraktiver, mehr Einkommen zu sparen und zusätzlich als Kapital einzusetzen – so lange, bis sich ein neues gesamtwirtschaftliches Optimalverhältnis eingependelt hat.

Das führt zu einem zweiten Ergebnis: Konjunkturprogramme, die Investitionen fördern und damit den Kapitaleinsatz erhöhen sollen, tragen nicht zu dem politisch erhofften langfristigen Wachstum der Volkswirtschaft bei, denn der langfristige Wachstumspfad lässt sich nicht durch bloße Erhöhung des Kapitaleinsatzes anheben – die Folge wären nur neuerliche Abweichungen vom Gleichgewicht. Als eigentliche Triebkraft für das Wachstum bleibt nur eine Verbesserung der Produktionstechnologie. Denn nur so wird es möglich, dass dieselbe Zahl an Arbeitskräften durch mehr Kapitaleinsatz tatsächlich auf Dauer ein höheres Gesamteinkommen erzielt.

Doch leider erklärt das Modell nicht, wie der technische Fortschritt in die Wirtschaft kommt. Er fällt bei Solow wie „Manna vom Himmel", kritisierte einst die englische Ökonomin Joan Robinson. Doch dieser Mangel bewirkt, dass über Solows Modell unter Ökonomen erst recht viel geredet wird: Während Theoretiker jahrzehntelang daran herumtüftelten, wie die Lücke zu schließen sei, setzt sich ein fester Begriff für technischen Fortschritt als Restgröße durch: das „Solow-Residuum".

Solow war auch der Erste, der ein Modell mit verschiedenen Typen von Kapital entwarf. Die Idee dahinter: Neues Kapital ist wertvoller als altes. Das Kapital wird durch bekannte Technologien produziert. Doch diese Technologien werden kontinuierlich verbessert. Folglich ist das Kapital, das zu einem späteren Zeitpunkt mit einer besseren Technologie erzeugt wurde, produktiver und wertvoller.

Doch Solow fasziniert nicht nur als Denker, sondern auch als Lehrer. Der amerikanische Finanz- und Wachstumsökonom Edwin Burmeister, der 1962 und 1963 bei Solow studiert, erinnert sich: „Noch ein halbes Jahr nach der letzten Seminarsitzung bekam ich Post von Solow." In diesem Brief korrigiert und kommentiert Solow ein kleines Modell über technischen Wandel, das der Student Burmeister entwickelt hat. Der Professor hat ein Auge für junge Talente: So fördert er etwa den jungen Peter Diamond, der 2010 Nobelpreisträger wird. Star-Ökonomen wie George Akerlof, Jagdish Bhagwati, Robert Gordon und Joseph Stiglitz haben bei Solow studiert. „Ich schätze, wenn ich mich nicht um die Studenten gekümmert hätte, hätte ich 25 Prozent mehr wissenschaftliche Aufsätze geschrieben. Doch die Wahl fiel mir leicht, ich bereue es nicht", sagt Solow.

Der große Ökonom ist kein Sklave seiner Modelle. Zwar zeigt er, dass Konjunktur – sprich: Schwankung der Nachfrage – nicht das ist, was die Wirtschaft langfristig bewegt. Trotzdem setzte sich Solow, ganz in der Tradition des MIT, in den frühen Sechzigerjahren als Berater von Präsident John F. Kennedy für eine aktive Konjunktursteuerung in den USA ein. Immer wieder gerät er deswegen unter Beschuss, nimmt aber immer wieder voll Freude die polemische Auseinandersetzung mit seinen konservativen Kritikern auf: „Das Beste was man über Reaganomics sagen kann, ist, dass sie durch Unaufmerksamkeit zustande kam", ist so ein Ausspruch Solows.

Gleichfalls legt sich Solow mit den Ökopessimisten des Club of Rome an. Die Untergangspropheten der Siebzigerjahre können Solow sowieso nicht leiden, weil er behauptet, natürliche Ressourcen seien vollkommen durch Kapitaleinsatz und technologische Neuerungen ersetzbar. Sie werfen ihm vor, er arbeite mit Zaubertricks und mathematischen Spielchen und vernachlässige die Realität. Als durch den ersten Bericht des Club of Rome 1972 und die Ölpreiskrise von 1973 die Diskussion über die Endlichkeit der Ressourcen hochkocht, konzipiert Solow eine Theorie der intergenerationellen Ressourcenallokation. Dabei knüpft er an den amerikanischen Philosophen John Rawls an, der soziale Gerechtigkeit als einen Zustand definiert, mit dem jeder Mensch einverstanden sein könnte, auch ohne zu wissen, wo sein eigener konkreter Platz in der Gesellschaft ist. Solow wendet das auf das Verhältnis der Generationen zueinander an und fordert, dass der Pro-Kopf-Konsum im Zeitablauf mindestens konstant bleiben soll. Solow begründet seine These so:

„Teilweise, weil ich Rawls gelesen habe, teilweise, um der Richtung und dem Zungenschlag eines populären Arguments zu erwidern, und teilweise, weil ich den naiven Voraussagen des Club of Rome einfach widersprechen wollte."

Kurz bevor Solow 1987 den Nobelpreis erhält, gelingt dem heute in Stanford lehrenden Ökonomen Paul Romer ein Durchbruch bei der Arbeit an einem Modell des technischen Fortschritts. In der Konsequenz rücken Bildungspolitik und allgemein die Qualität des staatlichen Ordnungsrahmens stärker ins Blickfeld als zuvor.

Doch Solow erlebt auch Rückschläge. Die These, jedes Entwicklungsland könne langfristig die hoch entwickelten Länder einholen, weil sich der technische Fortschritt gleichmäßig auf der Welt verbreite, widerlegt Edmund Phelps. Der New Yorker Ökonom stellt fest, dass die in Industrieländern eingeführten, neuen Technologien nur dann in den Entwicklungsländern effizient benutzt werden, wenn dort genügend gut ausgebildete Arbeitskräfte vorhanden sind. Die Erkenntnis wird zum wichtigen Argument für eine bessere Finanzierung der Bildungssysteme, besonders in Entwicklungsländern.

Phelps stellt auch Solows Analyse der Auswirkungen von Bevölkerungswachstum infrage: Gibt es mehr Menschen, werden neue Ideen an einen größeren Personenkreis weitergegeben, und weil mehr Menschen dann an der Weiterentwicklung der Ideen zu Erfindungen arbeiten können, sei Bevölkerungswachstum gut für den technischen Fortschritt. In Solows Modell dagegen wirkt sich ein hohes Bevölkerungswachstum negativ auf die Pro-Kopf-Einkommen aus, weil die Kapitalausstattung pro Beschäftigten mit der Zahl der Menschen sinkt.

Auch Kenneth Arrow, Nobelpreisträger von 1972, hat Solows Wachstumstheorie weiterentwickelt. Arrow beobachtet „Learning by Doing"; Investitionen und Wachstum führen zu betriebsspezifischen Qualifikationen, die Spill-over-Effekte induzieren, also positive Effekte für andere Unternehmen haben. Dadurch werden nicht nur Humankapital und technischer Fortschritt gefördert, sondern auch der Tendenz abnehmender Grenzerträge des Arbeitseinsatzes entgegengewirkt.

Solow hat erst im hohen Alter sein Zimmer im MIT geräumt. 1995, lange nach der Emeritierung, machten Samuelson und er die Räume für viel jüngere Kollegen frei. Solow hat danach vor allem mit dem britischen Makroökonomen Frank Hahn zusammengearbeitet. Die beiden entwickelten Modelle, die sich gegen den wissenschaftlichen Mainstream richten, doch denen die Forschung kaum Aufmerksamkeit schenkt. „Wahrscheinlich sind sie etwas zu undurchsichtig und chaotisch", sagt Solow selbstkritisch. Aber auch an dem Wert seiner früheren Arbeiten zweifelt er heute. In seinem Modell fehle eine fundierte Analyse der Nachfrageseite. In jüngster Zeit wurde seine Kritik noch grundlegender. Er greift die gängigen Standardannahmen der Makroökonomie an, auf denen auch sein preisgekröntes Wachstumsmodell beruht: „Die Standardannahmen anzuzweifeln genügt nicht", formuliert er scharf. Falsche Modellannahmen seien auch Ursache dafür, dass die Zunft nichts gegen die weltweit tobende Finanzkrise ausrichten könne.

●●●

ZITATE

„Da die Wachstumsrate des technischen Wandels exogen gegeben ist, bestimmt sie und nur sie allein die stetige Wachstumsrate der Wirtschaft."

„Milton Friedman erinnert alles an das Geldangebot. Mich erinnert alles an Sex – aber ich versuche, das aus meinen wissenschaftlichen Arbeiten herauszuhalten."

„Die Realwirtschaft ist die Muskulatur der Wirtschaft. Aber das Finanzsystem ist das Blut, das durch die Muskeln fließt."

„Es gibt keinen Anhaltspunkt dafür, dass Gott die USA auserwählt hat, für immer ein höheres Pro-Kopf-Einkommen als der Rest der Welt zu haben."

„In der modernen Gesellschaft sind Selbstvertrauen und sozialer Status untrennbar mit unserer Arbeit und unserem Einkommen verbunden."

●●●

Literatur

Robert Solow: **Growth Theory: An Exposition** (Oxford University Press); ein Standardwerk der Wachstumstheorie, gibt einen guten Überblick.

Mauro Boianovsky and Kevin D. Hoover (Hrsg.): **Robert Solow and the Development of Growth Economics** (Duke University Press); Aufsatzsammlung zur Entwicklung der Wachstumstheorie und über die Rolle von Solow – etwas für Feinschmecker, die tief in die wissenschaftliche Debatte abtauchen möchten.

Robert Solow: **Learning from Learning by doing, Lessons for Economic Growth** (Stanford University Press). In diesem Buch entwickelt Solow die Ideen von Kenneth Arrow zu Learning by Doing weiter und leitet daraus Empfehlungen für die Politik ab.

David Romer: **Advanced Macroeconomics** (McGraw-Hill); verständlich geschriebenes Lehrbuch, das die Wachstumstheorie anschaulich darstellt.

Entdecker des Wachstums – Robert Solow

Ökonomischer Imperialist – Gary S. Becker

Gary Becker nutzt das mikroökonomische Instrumentarium, um menschliches (Fehl-)Verhalten wie Diskriminierung, Drogensucht und Kriminalität zu erklären. Seine Botschaft: Selbst intimste Entscheidungen der Menschen unterliegen einem rationalen Nutzenkalkül. Das hat dem US-Ökonomen den Nobelpreis eingebracht – und ein Heer von Gegnern.

Was soll man von jemandem halten, der den Wert eines Kindes in eine komplizierte mathematische Formel gießt? Der aus vollem Herzen die Todesstrafe befürwortet und die Ehe als Ergebnis einer rationalen Kosten-Nutzen-Rechnung begreift? Im Oktober 1992 ist die Königlich-Schwedische Akademie der Wissenschaften gespalten wie selten; der Mikroökonom Gary Becker soll den Ökonomienobelpreis bekommen, aber es gibt intern große Widerstände gegen den Amerikaner. Als man sich zur Preisvergabe an Becker durchringt – „für seine Ausdehnung der mikroökonomischen Theorie auf einen weiten Bereich menschlichen Verhaltens und menschlicher Zusammenarbeit" – drohen schwedische Feministinnen mit Protestaktionen. Weltweit grämen sich linke Leitartikler.

Gary Stanley Becker liegt derweil mit einer schweren Grippe im Bett. Als gegen 5.30 Uhr morgens das Telefon klingelt, will seine erzürnte Frau den Anrufer aus Schweden zunächst abwimmeln; erst als sie hört, wer am anderen Ende der Leitung ist, rüttelt sie ihren fiebrigen Mann wach. Becker ist hocherfreut, aber dank des ihm eigenen Selbstbewusstseins nicht wirklich überrascht. „Ich wollte den Nobelpreis bekommen, nicht nur der Ehre und des Geldes wegen, sondern auch, weil das meinen theoretischen Ansatz bestätigen würde", wird er später sagen.

Und es stimmt ja: Becker hat die mikroökonomische Theorie revolutioniert, indem er ihre Grenzen niederriss. In seinen Arbeiten schafft er einen unkonventionellen Brückenschlag zwischen Ökonomie, Psychologie und Soziologie und gilt als einer der wichtigsten Vertreter der „Rational-Choice-Theorie". Entgegen dem aktuellen volkswirtschaftlichen Mainstream, der den Homo oeconomicus für tot erklärt, glaubt Becker unverdrossen an die Rationalität des Menschen. Seine Grundthese gleicht der von Adam Smith, dem Urvater der Nationalökonomie: Jeder Mensch strebt danach, seinen individuellen Nutzen zu maximieren. Dazu wägt er – oft unbewusst – in jeder Lebens- und Entscheidungssituation ab, welche Alternativen es gibt und welche Nutzen und Kosten diese verursachen. Für Becker gilt dies nicht nur bei wirtschaftlichen Fragen wie einem Jobwechsel oder Hauskauf, sondern gerade auch im zwischenmenschlichen Bereich – Heirat, Scheidung, Ausbildung, Kinderzahl – sowie bei sozialen und gesellschaftlichen Phänomenen wie Diskriminierung, Drogensucht oder Kriminalität.

Indem er den ökonomischen Ansatz methodisch verabsolutiert, treibt Becker die neoklassische Theorie auf die Spitze. Ungeachtet aller Vorwürfe, er betreibe „ökonomischen Imperialismus", wendet Becker das mikroökonomische Instrumentarium auf menschliche Verhaltensmuster an, die sich nach gängigem Verständnis einer streng ökonomischen Sehweise entziehen. Beckers Erkenntnisse fügen sich zu einer Handlungstheorie zusammen, bei der die Individuen ihre Kosten-Nutzen-Entscheidungen gleichermaßen von materiellen wie immateriellen Faktoren abhängig machen – von persönlichen Vorlieben und moralischen Werten, Vorurteilen und niederen Gefühlen wie Neid, Geiz oder Hass. Eine besondere Rolle spielt zudem der Zeitaufwand von Handlungsalternativen, von Becker in einer eigenen „Zeitallokationstheorie" wissenschaftlich seziert. All dies fügt sich laut Becker in den Köpfen zu sogenannten „Schattenpreisen" zusammen, die beim Individuum eine vergleichbare Lenkungswirkung haben wie Marktpreise auf Güterangebot und -nachfrage. Jede Handlungsalternative ist auf diese Weise mit subjektiven Opportunitätskosten verbunden, die einen „Gewinn" neutralisieren können.

Als junger Professor kam Becker einmal zu spät zu einer Prüfung, der Student wartete bereits. Becker fand keinen kostenlosen Parkplatz. Nun hatte er die Wahl, ins weit entfernte (kostenpflichtige) Parkhaus zu fahren oder seinen Wagen vor der Uni im Halteverbot abzustellen. Instinktiv wog er die Wahrscheinlichkeit, ein Knöllchen zu bekommen, mit den Alternativkosten ab, nämlich dem Preis eines Parktickets und dem zusätzlichen Zeitverlust. Dies war die Geburtsstunde seiner „ökonomischen Theorie des Verbrechens".

Für Becker sind nicht vordringlich soziale Verwahrlosung und gesellschaftliche Versäumnisse schuld daran, dass Menschen straffällig werden. Nach seiner Ansicht vergleicht ein potenzieller Verbrecher rational die möglichen Erträge einer Tat mit der Gefahr des Erwischtwerdens und der drohenden Strafe. Schätzt er seinen Nutzen höher ein als die Risiken, begeht er die Straftat. Nach dieser Logik können harte Strafen die Kriminalität insgesamt zurückdrängen, weil nur noch sehr renditeträchtige Delikte begangen werden. Becker hält hohe Geldstrafen daher in der Regel für ökonomisch effizienter als Haftstrafen, wo der Steuerzahler auch noch für Kost und Logis aufkommen müsse. Bei Kapitalverbrechen spricht sich Becker offen für die Todesstrafe aus, was ihn in Europa als Sympathieträger endgültig unmöglich machte. „Ich bin für die Hinrichtung von als Mörder verurteilten Personen, weil – und nur weil – ich glaube, dass damit andere abgeschreckt werden, zum Mörder zu werden."

Bei der Drogenbekämpfung rät Becker, Drogen zu legalisieren (und den Markt anschließend durch hohe Steuern auszutrocknen), anstatt immense Summen in die Strafverfolgung von Produzenten und Dealern zu stecken. Die Illegalität des Drogenkonsums verknappe zwar das Angebot, erhöhe aber auch den Schwarzmarktpreis und damit den Profit der Dealer, da die Preiselastizität der Drogennachfrage nur gering sei.

Beckers Arbeiten zur Ökonomie der Familie waren „die schwierigste geistige Anstrengung, der ich mich je unterzogen habe" – und sie wurden zugleich zum umstrittensten Teil seiner Forschung. Becker war der weltweit erste Ökonom, der sich dem Thema systematisch und methodisch zuwandte, denn er sah hier wissenschaftliches Niemandsland: „Obwohl die bedeutendsten Ökonomen stets behauptet haben, die Familie sei eine der Grundlagen des Wirtschaftslebens, finden sich weder in Marshalls ‚Principles of Economics', Mills ‚Principles of Political Economy', Smiths ‚Wealth of Nations' noch in irgendeinem der anderen der großen Werke der Wirtschaftstheorie mehr als beiläufige Bemerkungen darüber, wie Familien funktionieren."

Fruchtbarkeit, Familienplanung, Ausbildung, Ehe, Scheidung – all dies lässt sich für Becker über eine Kosten-Nutzen-Funktion ökonomisch herleiten und erklären. In seinen Arbeiten schlägt er einen Bogen von der Bevölkerungslehre von Thomas Malthus und der traditionellen Familie, in der die Frau zu Hause bleibt (und daher von ihrem Mann wirtschaftlich abhängig ist), zur heutigen Zeit, in der die Erwerbstätigkeit von Frauen deutlich zunimmt.

Wenn gut ausgebildete Frauen auf einen gut bezahlten Job verzichten, um sich der Kindererziehung zu widmen, müssen sie laut Becker hohe „Zeitopportunitätskosten" in Kauf nehmen. Er kommt zu dem Schluss, „dass die wachsende wirtschaftliche Freiheit der Frauen die Scheidungsraten erhöht und die Fertilität gesenkt" habe. Zudem sei das Scheidungsrisiko bei wohlhabenden Paaren geringer als bei armen – weil diese (materiell) mehr zu verlieren haben. Umgekehrt „mag sich eine arme Frau durchaus fragen, ob es lohnt, mit jemandem verheiratet zu bleiben, der ein Langzeitarbeitsloser ist".

Eine Heirat kommt erst dann zustande, wenn beide Partner glauben, ihre individuelle Wohlfahrt zu maximieren – weil der Nutzen der Ehe für sie höher ist als die Kosten des Alleinseins und die Suche nach einem (anderen) Partner. Becker schlägt unter anderem vor, dass alle Heiratswilligen einen Ehevertrag abschließen müssen – um einen ökonomischen Anreiz zu schaffen, bei späteren Krisen die Beziehung nicht vorschnell zu beenden.

Haushalte sind für Becker eine Art Fabrik, die eine möglichst hohe Zeit- und Kosteneffizienz erreichen will. In dieser Gedankenwelt sind Kinder „langlebige Konsumgüter", deren „Erträge" für die Eltern unter anderem darin bestehen, dass sie im Alter auf eine Unterstützung der Sprösslinge setzen können – wenn ihre „Investitionen" zuvor ausreichend waren. Becker kommt zu dem Schluss, dass eine höhere Kinderzahl auf Kosten der „Qualität" (gemeint: das Ausbildungsniveau) geht. Berühmt wurde sein „Rotten-Kid-Theorem": Vereinfacht ausgedrückt, sehen danach auch egoistische Familienmitglieder ein, dass die Maximierung ihres eigenen Nutzens letztlich von der Maximierung des familiären Gesamtnutzens abhängt.

Mit derartigen Thesen hat Becker, dem „political correctness" stets fremd war, große Kontroversen ausgelöst. Kritiker werfen ihm ein zynisches Welt- und Menschenbild vor; wer hört schon gerne, dass selbst edelster Altruismus am Ende nur Produkt eines individuellen Nutzenkalküls ist. Speziell bei seiner Familientheorie ist sich die Fachwelt nicht völlig sicher, ob Methodik und Erkenntnisse nun genial oder schlicht banal sind. Der Princeton-Ökonom Alan Blinder verspottete Becker, indem er eine „ökonomische Theorie des Zähneputzens" entwickelte und im angesehenen „Journal of Political Economy" veröffentlichte.

Doch es ist Gary Beckers historisches Verdienst, in der Wissenschaft ein interdisziplinäres Bewusstsein für soziale Phänomene geschaffen und menschliche Entscheidungen aus dem Nebel des diffus Psychologischen hervorgeholt zu haben. „Becker ist in der Geschichte der Ökonomie eine ganz zentrale Figur. Er hat die im 19. Jahrhundert einsetzende thematische Verengung der Volkswirtschaftslehre beendet und den Bogen zurück zu Adam Smith geschlagen, der die Ökonomie als Gesellschaftswissenschaft sah", sagt der Becker-Experte Ingo Pies, Professor für Wirtschaftsethik an der Universität Halle-Wittenberg. Ausgehend von seiner ökonomischen Theorie der Familie, habe Becker zudem die Humankapitaltheorie entscheidend weiterentwickelt.

Zur Wirtschaftswissenschaft ist Becker dabei erst auf Umwegen gekommen. Er wird am 2. Dezember 1930 in der Kohlestadt Pottsville in Pennsylvania geboren. Der Vater ist Einwanderer aus Kanada, die Mutter stammt aus Osteuropa. Gary wächst mit drei Geschwistern in Brooklyn auf. Als Jugendlicher interessiert er sich mehr für Handball und ist von ökonomischen Fragen genervt, weil er seinem Vater, einem Kleinunternehmer, ständig die Aktienkurse und Wirtschaftsnachrichten aus der Zeitung vorlesen muss. „Meine Mutter und mein Vater waren sehr intelligent, aber nicht sonderlich gebildet", schreibt er lapidar über sein Elternhaus. Eher lustlos studiert er zunächst Ökonomie an der Princeton-Universität; die Wirtschaftswissenschaft „schien mir nicht geeignet, mir Klarheit über Probleme wie Ungleichheit, Klasse, Rasse und Prestige und dergleichen zu verschaffen, die mein Interesse für die Ökonomik erst geweckt hatten".

Das ändert sich erst, als er 1951 an die Universität Chicago wechselt. Dort belegt er Mikroökonomie – bei einem gewissen Milton Friedman. Der Wechsel nach Chicago „zählt zu den klügsten Entscheidungen, die ich in meinem Leben getroffen habe", sagt Becker rückblickend, und Friedmans Vorlesung zur Preistheorie war „die aufregendste Vorlesung, die ich je erlebt habe". Becker ist fasziniert, wie Friedman die mikroökonomische Theorie und die Lenkungswirkung von Preisen nutzt, um ökonomische Verhaltensweisen zu erklären. Becker entwickelt diese radikal weiter. Seine Dissertation widmet er einem Thema, das Ökonomen damals nicht beachteten und bei der Soziologie besser aufgehoben glaubten – der Diskriminierung von Minderheiten. Die Arbeit wird zum Grundpfeiler seines wissenschaftlichen Lebenswerks.

Becker entwickelt einen „Diskriminierungskoeffizienten", der die Auswirkungen von Hautfarbe, Geschlecht und anderer persönlicher Merkmale im Wirtschaftsleben abzubilden versucht. Die Diskriminierungsintensität misst er anhand der Frage, auf wieviel Gewinn oder Lohn die Angehörigen einer Gruppe maximal verzichten, um mit Mitgliedern einer anderen Gruppe nicht zusammenarbeiten zu müssen.

So kann Becker schließlich nachweisen, dass Rassendiskriminierung nicht nur den Opfern wirtschaftlich schadet, sondern meist auch den Tätern – und dass die Wahrscheinlichkeit diskriminierenden Verhaltens umso größer ist, je weniger Wettbewerb auf einem Markt herrscht. Wenn etwa ein weißer Unternehmer aus Prinzip keine schwarzen Fachkräfte oder ein männlicher Chef keine qualifizierten Frauen einstellt, geht dies auf lange Sicht zulasten des Betriebs – weil er Humankapital verliert und andere Unternehmen die Leute übernehmen. Becker fand zudem heraus, dass in Märkten mit funktionierendem Wettbewerb die Lohnunterschiede zwischen weißen und schwarzen oder männlichen und weiblichen Arbeitnehmern deutlich geringer sind als bei einer gestörten Konkurrenzsituation.

Zwar lobt ihn sein Mentor Milton Friedman für diese Arbeit, doch der Weg zum Ruhm wird steinig. Die Ökonomenzunft reagiert zunächst ablehnend auf Beckers Versuch, soziale und politische Fragen mit ökonomischen Analysemethoden zu beantworten. Becker registriert „erheblichen und böswilligen Widerstand" und beklagt einen „ausgeprägten intellektuellen Konservatismus", mit dem sich Ökonomen, Soziologen und Politikwissenschaftler gegenüber anderen Disziplinen abzuschotten versuchen. Als sich Becker um eine Professur außerhalb von Chicago bemüht, hagelt es Absagen.

Erst 1957 klappt es dann doch. Becker wechselt an die Columbia University in New York, sein Ansehen in der Ökonomenzunft steigt, seine Forschungsarbeiten, etwa zur Humankapitaltheorie, erregen großes Aufsehen. 1967 verleiht ihm die American Economic Association ihre „John Bates Clark Medal", die wichtigste Auszeichnung für US-Wirtschaftswissenschaftler unter 40 Jahren. 1970 kehrt Becker nach Chicago zurück, wo er fortan Preis- und Humankapitaltheorie unterrichtet. Der klein gewachsene Ökonom mit der sonoren Stimme sei dort selbst im Kreise international renommierter Forscher „intellektuell dominierend" gewesen, erinnert sich Ökonom Pies, der 1993 in Chicago einige Zeit bei Becker studierte. „Becker war ein zurückhaltender Typ, hatte aber eine besondere Aura und unglaubliche Präsenz."

Von 1985 bis 2004 wendet sich Becker auch einem breiteren Publikum zu – in einer monatlichen Kolumne in der „Business Week". Anschließend baut er einen interdisziplinären Internet-Blog mit dem Juristen und Richter Alan Posner auf, der auf große Resonanz stößt (www.becker-posner-blog.com). 2007 verleiht ihm der damalige US-Präsident George W. Bush die „Presidential Medal of Freedom", eine der höchsten zivilen Auszeichnungen der Vereinigten Staaten.

Becker ist heute einer der meistzitierten lebenden Ökonomen – und bekennender Konservativer. „Ich stamme aus einer ungebildeten Familie, in der es keine Bücher gab. Doch die Chancen und Möglichkeiten, die mir mein Land gab, waren enorm. Deshalb fühle ich mich als Patriot und bin stolz, Amerikaner zu sein." Der Wissenschaftler, der nach dem Tod seiner ersten Frau zwei Töchter alleine großzog, lebt mit seiner zweiten Frau Guity Nashat zusammen, einer im Iran geborenen Historikerin.

Zur Ruhe setzen will er sich trotz seines hohen Alters noch nicht, denn: „Ich habe noch nicht das Gefühl, dass mir die Gedanken ausgehen."

● ●

ZITATE

„Ich bin zu der Auffassung gekommen, dass der ökonomische Ansatz so umfassend ist, dass er auf alles menschliche Verhalten anwendbar ist."

„Geldstrafen haben gegenüber anderen Strafen einige Vorteile: Sie sparen Ressourcen und bieten der Gesellschaft Kompensation – bei gleichzeitiger Bestrafung der Täter."

„Die meisten Ökonomen lernen nie, ihre Gedanken so auszudrücken, dass der Durchschnittsleser sie verstehen kann."

„Ich sehe in meiner Arbeit einen Kontrapunkt gegen die Fülle von Forschungsarbeiten, die dem Menschen nicht genug Rationalität zutrauen."

„Die ökonomische Sicht der Familie nimmt an, dass selbst intime Entscheidungen wie die über Eheschließung, Scheidung oder Kinderzahl durch Abwägung der Vor- und Nachteile alternativer Handlungsweisen geschlossen werden."

● ●

Die Bücher Beckers sind sehr theoretisch gehalten; wer sie lesen will, sollte über volkswirtschaftliche und mathematische Kenntnisse verfügen. Der von ihm anlässlich der Nobelpreisverleihung gehaltene Vortrag **The Economic Way of Looking at Life** ist im Internet unter www.nobelprize.org/nobel_prizes/economics/laureates/1992/becker-lecture.html abrufbar. Lohnenswert ist ein Besuch des interdisziplinären Internet-Blogs, den Becker mit dem Jura-Professor und langjährigen Richter Richard Posner von der University of Chicago Law School führt (**www.becker-posner-blog.com**). Die beiden zanken sich dort über Fragen im Grenzbereich von Ökonomie, Sozial- und Rechtswissenschaft – etwa darüber, ob die Hilfe zur Selbsttötung legalisiert werden sollte oder ob eine Amnestie für illegale Einwanderer sinnvoll ist.

Gary Becker: **Familie, Gesellschaft und Politik – die ökonomische Perspektive** (Mohr Siebeck). Eine Sammlung mit zentralen Aufsätzen des Nobelpreisträgers, etwa zu den ökonomischen Faktoren der Ehescheidung, der Diskriminierung von Minderheiten und zum Einfluss von Interessengruppen auf die Politik. Im Kapitel „Meine intellektuelle Entwicklung" gibt es auch eine 16-seitige Kurzbiografie aus Beckers Feder.

Gary Becker: **Ökonomische Erklärung menschlichen Verhaltens** (Mohr Siebeck). Das Hauptwerk Beckers. In sieben Kapiteln „ökonomisiert" er menschliche Verhaltensweisen und wagt den Versuch, Hochzeiten, Drogensucht, Verbrechen und das individuelle Freizeitverhalten der Bürger mikroökonomisch zu erklären.

Martin Leschke/Ingo Pies (Hrsg.): **Gary Beckers ökonomischer Imperialismus** (Mohr Siebeck). Der Band enthält Reden und Aufsätze verschiedener Ökonomen, die sich mit den Thesen und Arbeiten Beckers auseinandersetzen, etwa mit der Rational-Choice-Theorie und dem Wettbewerb von Interessengruppen. Nur für wissenschaftliche Feinschmecker geeignet.

Ökonomischer Imperialist – Gary S. Becker

Der Pionier –
Reinhard Selten

Reinhard Selten ist Deutschlands bislang einziger Wirtschafts-Nobelpreisträger und ein Vorreiter volkswirtschaftlicher Laborversuche. Wie der
Ökonom die experimentelle Wirtschaftsforschung geprägt hat – und was
wir heute generell aus der Spieltheorie und aus ökonomischen Experimenten lernen können.

Fast hätte er seinen Nobelpreis verpasst. Als die Königlich Schwedische Akademie der Wissenschaften am 11. Oktober 1994 die Namen der Wirtschafts-Nobelpreisträger bekannt gibt, ist Reinhard Selten beim Einkaufen. Da Mobiltelefone damals noch Seltenheitswert haben, kommt der Bonner ahnungslos nach Hause. Hier warten bereits zahlreiche Journalisten auf ein Statement des künftigen Nobelpreisträgers. „Ich gratuliere Ihnen", sagt ein Reporter, worauf dieser nur ratlos „Wozu?" fragen kann. Der Ökonom lässt sich von dem Wirbel nicht beeindrucken und sorgt erst einmal dafür, dass die Einkäufe sicher ins Haus kommen.

Auch nach der Verleihung des Preises in Stockholm bleibt der Wissenschaftler am Boden. Seine Nobelpreismedaille bewahrt er bis heute uneitel hinter ein paar Aktenordnern im Büro auf, und die Urkunde hat er auch nicht aufgehängt. „Die Leute wissen ja schließlich, dass ich den Preis bekommen habe." Für ihn habe sich dadurch nicht viel geändert. Lediglich die Interview-Anfragen seien sprunghaft gestiegen, plötzlich wurde er auch zu Themen außerhalb seines Fachgebiets um eine Meinung gebeten. „Als Nobelpreisträger muss ich auf alles eine Antwort haben, da ist man immer Fachmann", so der Spieltheoretiker.

Bis heute kommt der Wissenschaftler ohne Allüren aus: Er erscheint bei Terminen in seiner Heimat, dem Siebengebirge, gerne zu Fuß mit Wanderstöcken und entsprechend bequemem Schuhwerk. Selbst als frisch gekürter Nobelpreisträger war er sich nicht zu schade, mit seinem damaligen Schüler Axel Ockenfels, mittlerweile selbst Experimental-Ökonom in Köln, eine gemeinsame Studie zu schreiben – basierend auf Ockenfels' Diplomarbeit. „Für Professor Selten zählt der Forschergeist und weniger, ob eine Idee von einem Studenten oder einem renommierten Wissenschaftler kommt", sagt Ockenfels.

Reinhard Selten ist ein älterer Herr mit wirrem, weißem Haar und einem etwas zu großen, von Hosenträgern gehaltenen Anzug. Er spricht langsam und wählt seine Worte mit Bedacht. Doch seine Augen leuchten, wenn er von aktuellen Projekten erzählt, zum Beispiel einem neuen Experiment zur Entscheidungstheorie. Obwohl der mittlerweile 81-Jährige bereits seit über 15 Jahren emeritiert ist, widmet er sich jeden Tag etwa zwei bis drei Stunden der Forschung. Er ist immer noch wissenschaftlicher Koordinator des von ihm gegründeten Labors für experimentelle Wirtschaftsforschung an der Universität Bonn.

Selten erhielt den Nobelpreis zusammen mit dem Amerikaner John F. Nash jr. und dem Ungarn John C. Harsanyi für seine Forschungsleistung im Bereich der Spieltheorie. Der Bonner Professor verfeinerte das 1950 von Nash entwickelte „Nash-Gleichgewicht", welches besagt, dass ein Spieler immer bei seiner gewählten Strategie bleiben sollte, solange der Gegner seine Strategie nicht ändert. Nash ist einer der bedeutendsten Vertreter der Spieltheorie.

Selten entwickelte ein hochkomplexes Konzept, welches, vereinfacht ausgedrückt, verlangt, dass nicht nur ein Spiel als Ganzes ein Nash-Gleichgewicht erreicht, sondern auch jeder einzelne Teil eines Spiels. Ökonomen sprechen in diesem Fall von einer sogenannten Teilspielperfektheit. Es existiert ein strategisches Gleichgewicht, von dem ausgehend kein Spieler zusätzliche Vorteile erzielen kann, wenn er einseitig von seiner Strategie abweicht.

Diese Erkenntnisse haben auch heute noch hohe Bedeutung. Vor allem Verhandlungssituationen lassen sich mithilfe der Spieltheorie analysieren. So fällt es dem Verhandelnden leichter, das mögliche Verhalten seines Gegenübers in seine Pläne und Verhandlungsstrategien einzubeziehen. „Die Spieltheorie schärft den Blick für die Interaktion und das Handeln der anderen", sagt Selten. Das sei in allen Bereichen des täglichen Lebens zu beobachten. Beispiel Lohnverhandlungen: Wenn Arbeitnehmer eine bessere Bezahlung durchsetzen wollen, müssen sie die Position ihres Chefs und dessen mögliche Handlungsoptionen schon vorher in ihre Verhandlungsstrategie einbeziehen.

Einige Begriffe aus der Spieltheorie gehören mittlerweile zur Alltagssprache, wie zum Beispiel das sogenannte Nullsummenspiel. Hier gleicht der Gewinn des einen Spielers den Verlust des anderen aus. Gewinnt etwa ein Unternehmen Marktanteile dazu, verlieren seine Wettbewerber automatisch Anteile in gleicher Höhe.

Im Gegensatz zum Nullsummenspiel könnten beim sogenannten Gefangenendilemma auch beide Spieler am Ende als Sieger dastehen – wenn sie miteinander kooperieren würden. Das berühmte Dilemma lässt sich auf eine Vielzahl ökonomischer Situationen anwenden. Ein gutes Beispiel ist die Regulierung der Ölpreise anhand der geförderten Mengen. Angenommen, der Ölmarkt besteht aus zwei Unternehmen, die vereinbart haben, jeweils nur geringe Mengen Öl zu fördern, um künstlich die Preise in die Höhe zu treiben. Auf diese Weise könnten sie jeweils mit einem Umsatz von 15 Milliarden Euro rechnen. Allerdings ist es für beide Unternehmen reizvoll, von der Vereinbarung abzuweichen und mehr zu verkaufen, sie stehen vor einem Dilemma. Fördert nur eine Firma eine höhere Menge Öl, könnte sie dem Mitbewerber Marktanteile abnehmen und den eigenen Umsatz auf 20 Milliarden Euro steigern, wohingegen der Gegner nur noch fünf Milliarden Euro abbekäme. Die Folge: Beide Unternehmen tendieren dazu, mehr Öl zu fördern, sobald nur der leise Verdacht besteht, die Konkurrenz könnte ihre Fördermenge erhöhen. Am Ende produzieren beide zu viel – und müssen sich mit einem Umsatz von zehn Milliarden Euro begnügen. Damit ist das aus Sicht beider Unternehmen schlechteste Ergebnis das wahrscheinlichste.

Bei dem 1930 in Breslau geborenen Selten zeigte sich die mathematische Begabung schon in Kindertagen. An Schule war zunächst allerdings nicht zu denken. Nachdem sein jüdischer Vater 1942 starb, konnte Selten mit seiner Mutter und seinen drei Geschwistern in einem der letzten Züge aus Breslau fliehen. Erst nach dem Krieg, als die Familie im hessischen Melsungen lebte, konnte der junge Selten wieder zur Schule gehen. Seinen insgesamt mehr als dreistündigen Schulweg vertrieb er sich damit, indem er komplizierte Fragen zu Geometrie und Algebra durchdachte. Im Mathematikunterricht landete er einmal vor der Tür, weil er die Antworten bereits gab, bevor der Lehrer die Frage zu Ende gestellt hatte. „Ich habe wohl eine Art intuitive mathematische Begabung", sagt Selten.

So war es wenig verwunderlich, dass Selten nach seinem Abitur ein Mathematikstudium an der Universität Frankfurt begann. Dafür brauchte er verhältnismäßig lange – was nicht der fehlenden Begabung geschuldet war, sondern seinen vielfältigen Interessen. Selbst exotische Fächer wie Astronomie standen neben Physik und Psychologie auf seinem Vorlesungsplan. Über Letztere kam er schließlich zu volkswirtschaftlichen Laborexperimenten. „Ich war durch mein Psychologiestudium mit Experimenten vertraut, die Herangehensweise leuchtete mir ein." Sein Credo: „Wer wissen will, was in der realen Welt los ist, muss empirische und experimentelle Arbeit leisten, die Realität kann sich keiner am Schreibtisch ausdenken."

Nicht umsonst gilt der Ökonom daher als ein Pionier der experimentellen Wirtschaftsforschung. Nach der Promotion in Frankfurt und Lehraufträgen in Berlin und Bielefeld kam Selten 1984 nach Bonn und gründete dort das europaweit erste Laboratorium für volkswirtschaftliche Experimente. Im Gegensatz zur Spieltheorie, einer sehr mathematischen, auf der Annahme rationaler Erwartungen basierenden Theorie, dient die experimentelle Wirtschaftsforschung dazu, eben diese rationalen Erwartungen infrage zu stellen und die traditionelle Theorie zu verbessern. Für Selten ist das essenziell, denn Menschen handeln nur eingeschränkt rational. „Ein Spiel lässt sich nicht mit dem Instrument der rationalen Erwartungen lösen. Jeder geht schließlich auf eine andere Art mit einer Entscheidungssituation um. Experimente sind dazu da, die Rationalität der Menschen zu überprüfen", sagt der Nobelpreisträger.

Damit war Selten einer der ersten Wirtschaftswissenschaftler in Deutschland, der die Annahmen der klassischen ökonomischen Theorie infrage stellte. Gerade an der Universität Bonn, einer Hochburg der reinen Wirtschaftstheorie, eckte er damit an. „Die Kollegen waren es aber gewohnt, dass ich Einwände erhob", sagt Selten. Mittlerweile hat die Mehrzahl der Ökonomen das Problem der eingeschränkten Rationalität akzeptiert. „Trotzdem bauen viele immer noch auf die einfacheren rationalen Modelle, da sie glauben, man könne damit die wesentlichen Dinge erfassen." Dabei sei die Arbeit mit rationalen Theorien sehr willkürlich, kritisiert Selten.

„Reinhard Selten ist bei seiner Arbeit völlig unbeeindruckt vom Mainstream und Publikationsdruck geblieben", lobt der Kölner Ökonom Ockenfels. Mittlerweile hat sich die Experimentalökonomik als wichtiges Teilgebiet der Volkswirtschaftslehre etabliert. Im deutschsprachigen Raum gibt es zahlreiche Laboratorien, in denen Forscher computergesteuerte Experimente zu ökonomischen Fragen durchführen. Besonders beliebt sind Themen wie Arbeitsmarktökonomik und die Verteilung öffentlicher Güter.

2002 ging der Ökonomie-Nobelpreis an zwei experimentelle Wirtschaftsforscher, die US-Amerikaner Vernon L. Smith und Daniel Kahneman. Smith ist Erfinder eines der bekanntesten Marktexperimente, der sogenannten Double Auction. Hierbei handeln die Teilnehmer gleichzeitig fiktive Güter untereinander. Jeder Proband übernimmt entweder die Rolle des Käufers oder Verkäufers und muss versuchen, seinen Gewinn im Verlauf des Experiments zu maximieren. Ein Verkäufer sollte seine Güter zu einem möglichst hohen Preis veräußern. Er kann Angebote der Käufer annehmen oder selber ein Gebot abgeben. Das Experiment, das aus etwa 30 Perioden à 120 Sekunden besteht, wurde unzählige Male an Universitäten durchgeführt. Es lässt sich stets beobachten, dass die Teilnehmer nach wenigen Perioden ein Marktgleichgewicht erreichen.

Auch die Probleme einer Währungsunion lassen sich experimentell abbilden. Selten etwa verglich die Situation mit und ohne Währungsunion mit Probanden anhand eines vereinfachten Zwei-Länder-Modells. Einige der Teilnehmer schlüpften in die Rolle der Regierungen und Zentralbanken beider Länder, andere spielten Gewerkschaften, Arbeitgeberverbände oder Unternehmen. Dabei konnten Selten und seine Bonner Kollegen zeigen, dass eine Währungsunion zwar Vorteile bietet. Eine Kooperation der Zentralbanken führte allerdings zum gleichen Ergebnis. Je mehr die Währungshüter auf stabile Wechselkurse achteten, desto besser war die durchschnittliche Wettbewerbsfähigkeit beider Länder. Da die Zentralbanker im Experiment in den meisten Fällen vernünftig handelten und Wechselkursschwankungen weitgehend ausblieben, ließ sich anhand der Untersuchung kein deutlicher Unterschied zwischen der Situation mit und ohne Währungsunion nachweisen.

Ginge es nach Selten, hätten viel mehr Experimente einen aktuellen politischen Bezug, etwa zu den möglichen Auswirkungen einer Reform oder zur Schuldenkrise der Euro-Staaten. Allerdings wäre dafür eine große Anzahl von Teilnehmern nötig – und dafür reichen die Kapazitäten der bestehenden Laboratorien an den Universitäten nicht aus. „Für derart umfangreiche Experimente fehlt es den Laboratorien schlicht an Infrastruktur und Personal. Dafür bedarf es der Unterstützung der Politik, auch finanziell", sagt Selten.

Mittlerweile geht die experimentelle Wirtschaftsforschung noch einen Schritt weiter – raus aus dem Labor und rein ins reale Leben. Von sogenannten Feldexperimenten erhoffen sich die Forscher noch realitätsnähere Ergebnisse. Sie sind besonders dann vorteilhaft, wenn das Umfeld der Teilnehmer eine bedeutende Rolle spielt.

Außerordentlich wichtig sind Feldexperimente zur Erforschung der Ökonomie von Entwicklungsländern. Die Ökonomen Pascaline Dupas und Jonathan Robinson etwa untersuchten in Kenia, inwiefern fehlende Infrastruktur den Erfolg von Unternehmen schmälert. Eine zufällig ausgewählte Gruppe Selbstständiger in Kenia erhielt ein zinsfreies Bankkonto. Obwohl die Versuchspersonen sogar Gebühren für das Geldabheben zahlen mussten, wurde das Konto viel genutzt, besonders von Frauen. Bereits nach einem halben Jahr erhöhte sich das Einkommen der weiblichen Teilnehmer deutlich, auch die Ausgaben waren gewachsen, die Unternehmen der Frauen konnten expandieren. Das Experiment zeigte, dass ein größeres Angebot an Bankdienstleistungen das Wirtschaftswachstum von Entwicklungsländern ankurbeln kann.

Und was macht ein Nobelpreisträger privat? Wer glaubt, Spieltheoretiker würden in ihrer Freizeit am liebsten Schach spielen oder pokern, liegt falsch. Viel lieber schnappt sich Naturliebhaber Selten ein Buch zur Pflanzenbestimmung und macht lange Spaziergänge durchs Siebengebirge. Beim gemeinsamen Abendbrot mit seiner Frau spricht Reinhard Selten zudem manchmal Esperanto, eine internationale, systematisch und einfach aufgebaute Plansprache. Bereits sein Vater war Esperantist, den Ökonomen selber haben vor allem die damit verbundenen humanistischen Ideale berührt. Statt wie andere Kinder die Ferien zu genießen, lernte der ehrgeizige Selten in den Osterferien von früh bis spät Esperanto. Als die Schule wieder anfing sprach er die 1887 erfundene Sprache bereits nahezu fließend. Bei der Europawahl vor zwei Jahren zog Selten sogar als Spitzenkandidat der Partei Europa-Demokratie-Esperanto (EDE) in den Wahlkampf.

Wenn im Dezember in Stockholm wieder der Ökonomie-Nobelpreis vergeben wird, kann Reinhard Selten gut nachempfinden, wie die Preisträger sich fühlen. Nur zu gut erinnert er sich an seine Generalprobe am Vortag, bei der die versammelte Wissenschaftselite etwas ganz Besonderes lernen musste – wie man sich vor dem schwedischen König verbeugt.

• •

ZITATE

„Die Spieltheorie schärft den Blick für das Handeln der anderen."

„Wir sollten uns die experimentelle Wirtschaftsforschung viel stärker zunutze machen. Mit ihr lassen sich die Auswirkungen einer Reform im Vorhinein bestimmen. So müssten viele unsinnige Gesetze gar nicht erst verabschiedet werden."

Der Pionier – Reinhard Selten

„Wer wissen will, was in der realen Welt los ist, muss empirische und experimentelle Arbeit leisten. Die Realität kann sich keiner am Schreibtisch ausdenken."

Literatur

The Selten school of behavioral economics: **A collection of essays in honor of Reinhard Selten**. Festschrift zum 80. Geburtstag von Reinhard Selten mit Aufsätzen ehemaliger Schüler und Beiträgen namhafter Experimentalökonomen (Herausgeber: Axel Ockenfels, Abdolkarim Sadrieh, Springer, 2010).

Ein Oligopolexperiment. In seinem ersten Experiment widmete sich Selten mit seinem Kollegen Heinz Sauermann einem Lieblingsthema, dem Oligopol. Er entwickelte daraus die Anspruchsanpassungstheorie, eine Theorie über das eingeschränkt rationale Verhalten eines Unternehmens (in: Zeitschrift für die gesamte Staatswissenschaft, 115, 427–471, 1959).

Reexamination of the Perfectness Concept for Equilibrium Points in Extensive Games. Für die spieltheoretische Weiterentwicklung des Nash-Gleichgewichts erhielt Selten den Wirtschaftsnobelpreis (in: International Journal of Game Theory, 1975).

Handbook of Experimental Economics. Das Handbuch bietet eine kurze Einführung in die experimentelle Wirtschaftsforschung und eine umfangreiche Übersicht über die wichtigsten Ergebnisse, Methoden und Experimente (Herausgeber: John Kagel, Alvin Roth, Princeton University Press, 1997).

Der Pate – Robert Mundell

Kaum ein anderer Ökonom prägte die Wissenschaft und weltweite Wirtschaftspolitik der vergangenen 50 Jahre so stark wie der exzentrische Kanadier **Robert Mundell**. Der Nobelpreisträger, Währungsexperte und Angebotstheoretiker erfand die Reaganomics – und war intellektueller Wegbereiter des Euro.

Kann dieser Mann ein ernst zu nehmender Wissenschaftler sein? Seine Dankrede zur Verleihung des Nobelpreises 1999 beendete er musikalisch und schmetterte den Song „I did it my way" ins Mikrofon. Heute hält er abseits der akademischen Zirkel sektiererische Konferenzen in einer italienischen Burg ab. Oder er tritt mit grauem, schulterlangem Haar in der US-Fernsehsendung „Late Show with David Lettermann" auf und gibt dort platte Sprüche zum Besten, wie: „Deine Mutter ist zu dick. Wenn sie morgens Schuhe mit hohen Absätzen anzieht, sind die abends plattgelaufen."

Keine Frage, Robert Mundell ist ein merkwürdiger Typ. Man weiß nie, woran man bei ihm ist. Der Kanadier zeigte schon mit 29 Jahren in einem formal ausgereiften und wissenschaftlich hoch angesehenen Papier, wann Währungsunionen funktionieren und wann nicht – und ist bis heute ein überzeugter Euro-Anhänger. Er wies mit seinen Modellen die positiven Wirkungen expansiver Geld- und Fiskalpolitik nach, entpuppte sich jedoch in der politischen Beratung als Freund von Ausgabenkürzungen und einer restriktiven Geldpolitik.

Doch trotz seiner Unberechenbarkeit und des exzentrischen Habitus prägte Mundell die moderne Wirtschaftswissenschaft wie kaum ein anderer. Er entwickelte die Theorie der optimalen Währungsräume und konzipierte in den USA das Wirtschaftsmodell der Reaganomics. Seine makroökonomischen Modelle finden sich heute in vielen VWL-Lehrbüchern. Für den US-Ökonomen Arthur Laffer ist Mundell der beste Ökonom des 20. Jahrhunderts und ebenso einflussreich wie John Maynard Keynes. „Der Unterschied ist nur, dass Mundell recht behalten hat", sagt Laffer.

Robert Mundell wird am 24. Oktober 1932 in Latimer geboren, einem winzigen Ort in der kanadischen Provinz Ontario. „Ich glaube niemandem, der behauptet, dieses Kaff zu kennen. Es besteht aus einer Straßenkreuzung und einer Käsefabrik", spottet er später über seine Heimat. Er besucht dort eine Dorfschule mit nur einem einzigen Klassenzimmer. Später behauptet er, nie in die erste Klasse gegangen zu sein. Stattdessen habe er sich aus dem Lernstoff der ersten acht Schuljahre stets das Interessanteste rauspicken dürfen.

Seine Familie zieht oft um; Roberts Vater ist Feldwebel in der kanadischen Armee. So wechselt der junge Mundell 1945 an eine Highschool in Kingston, ein Jahr später zieht die Familie in den Westen Kanadas, nach British Columbia, wo Mundell die Schule abschließt und sein Studium der Ökonomie und Slawistik beginnt. An der University of Washington in Seattle macht er seinen Abschluss in Wirtschaftswissenschaften. Sein Studienkollege Douglas North, der sechs Jahre vor Mundell den Ökonomiepreis erhielt, erinnert sich, Mundell sei ein aufgeblasener Frauenheld gewesen, der immer eine Menge Ärger am Hals gehabt habe. Er habe „in allem, was er tat, über die Stränge geschlagen".

Zwar wird Mundell im Laufe der Jahre etwas ruhiger, die Neigung zum anderen Geschlecht behält er jedoch bis ins hohe Alter. Mit Mitte 60 wird er noch Vater. Auf den späten Nachwuchs ist er so stolz, dass er den damals zweijährigen Sohn 1999 zum feierlichen Nobelpreisbankett mitbringt. Es ist das erste Mal, dass ein Kleinkind an der Feier in Stockholm teilnimmt.

Dass ihn die schwedische Akademie der Wissenschaften ausgerechnet 1999, dem Jahr der Euro-Einführung, mit dem Ökonomienobelpreis auszeichnet, hat seinen Grund. Berühmt geworden ist Mundell vor allem mit seinen Forschungsarbeiten zu Währungsunionen. Schon 1961 entwickelte er seine Theorie der optimalen Währungsräume. Danach kann eine Währungsunion auf Dauer nur gelingen, wenn sich ähnliche Volkswirtschaften mit hoher Mobilität der Arbeitskräfte zusammenschließen. Mit einer einheitlichen Währung verzichten die Länder auf den Wechselkurspuffer, der Unterschiede in den wirtschaftlichen Entwicklungen ausgleichen kann.

Durch eine Abwertung steigt die preisliche Wettbewerbsfähigkeit. Dann können die Waren im Ausland billiger angeboten werden, wodurch dort die Nachfrage steigt. Das Überschussangebot und die Arbeitslosigkeit schrumpfen, die Preise stabilisieren sich. In einer Währungsunion aber funktioniert dieser Mechanismus nicht. Ein Ersatz dafür ist dann laut Mundell die Mobilität der Arbeit. Arbeitnehmer, die in ihrem Heimatland keine Beschäftigung mehr finden, wandern in eine Region mit stabiler Nachfrage und höheren Löhnen ab – und zwar so lange, bis sich Lohn- und Preisniveau zwischen Heimat- und Zielland angeglichen haben. Damit das reibungslos geschehen kann, müssen Löhne und Preise in und zwischen den Ländern, die einen gemeinsamen Währungsraum bilden, flexibel sein.

1963 führt der Kanadier Ronald McKinnon, aufbauend auf den Forschungen seines Landsmanns Mundell, den Offenheitsgrad als zusätzliche

Bedingung für einen optimalen Währungsraum ein: Je mehr die Mitglieds-länder untereinander handeln, desto schädlicher sind die Folgen einer Wech-selkursänderung. Daraus leitet er ab, dass Länder, zwischen denen ein reger Warenaustausch stattfindet, eher geeignet sind, einen optimalen Währungs-raum zu bilden. Aber auch die Struktur der Volkswirtschaften ist laut dem Princeton-Ökonomen Peter Kenen entscheidend. Hat ein Land viele ver-schiedene Wirtschaftszweige, ist es tendenziell geeignet für eine Währungs-union, weil es Krisen in einzelnen Branchen besser verkraften und auf den Wechselkurs als Puffer verzichten kann.

Die Euro-Zone in ihrer jetzigen Form ist offensichtlich kein optimaler Währungsraum. Dafür sind die Volkswirtschaften der Mitgliedstaaten zu unterschiedlich. Dass derzeit Massen von arbeitslosen Griechen nach West-europa wandern, ist nicht zu beobachten. Vor allem die Sprachbarrieren dürf-ten noch für Jahrzehnte dafür sorgen, dass die Mobilität zwischen den Euro-Staaten relativ gering bleibt.

Trotzdem glaubt Mundell unverdrossen an die Zukunft des Euro, dessen Einführung er als intellektueller Pate begleitet hat (siehe Interview Seite 171). Die Gemeinschaftswährung werde erzwingen, dass die Euro-Zone irgend-wann ein optimaler Währungsraum werde, meint er. Die Regierungen müss-ten lernen, dass nur mehr Flexibilität am Arbeitsmarkt, eine zurückhaltende Lohnpolitik und sinkende Steuern die Wirtschaft beleben und die Arbeitslo-sigkeit senken könnten.

Mundell kennt Europa nicht nur aus dem Lehrbuch. Nach seiner Zeit in Seattle besucht er die London School of Economics (LSE), wo er zu den Bes-ten seines Jahrgangs zählt. Dort lernt er den Ökonomen James Meade ken-nen, dessen Arbeiten sich mit den Stabilitätskriterien für den Außenhandel offener Volkswirtschaften beschäftigten. Sie legen den Grundstein für Mun-dells spätere Ideen zu einer europäischen Währungsunion. Seinen Doktor-titel erhält Mundell 1956 am Massachusetts Institute of Technology (MIT) bei dem Nationalökonomen und Wirtschaftshistoriker Charles Kindleberger.

Nach einer Station an der Stanford University in Kalifornien kehrt Mun-dell nach Europa zurück und lehrt am Johns Hopkins Bologna Center of Advanced Economics in Italien. Dort bekommt er 1957 die Unterzeichnung der Römischen Verträge und 1958 den Start der Europäischen Wirtschaftsgemeinschaft (EWG) hautnah mit. Während der Sechzigerjahre wirkt er bei der Werner-Kommission mit, die bereits 1970 einen ersten Plan für eine Einheitswährung in Europa vorlegt.

Von 1961 bis 1963 arbeitet Mundell für den Internationalen Währungsfonds, wo er den britischen Ökonomen Marcus Fleming, damals stellvertretender Leiter der Forschungsabteilung, kennenlernt. Beide arbeiten unabhängig voneinander an einem neuen makroökonomischen Modell für offene Volkswirtschaften. Die Ergebnisse der beiden gehen als Mundell-Fleming-Modell in die Volkswirtschaftslehre ein.

Diese Theorie berücksichtigte zum ersten Mal internationale Kapitalströme und deren Einfluss auf die inländische Nachfrage und das Angebot. Vorher arbeiteten die meisten US-Wirtschaftswissenschaftler in ihren Theorien nur mit großen geschlossenen Volkswirtschaften. Schließlich war die amerikanische Wirtschaft sehr groß und unabhängig, der Einfluss von außen gering. Es musste wohl ein Kanadier her, um die traditionellen Annahmen über den Haufen zu werfen.

Mundell integrierte den Außenhandel und internationale Kapitalbewegungen später auch in das von dem britischen Ökonomen John Hicks entwickelte ISLM-Modell, das die Nachfrageseite der Wirtschaft auf dem Güter- und Geldmarkt abbildet. Anhand dieses keynesianisch geprägten Theoriegebildes untersuchte Mundell, wie eine effektive gesamtwirtschaftliche Stabilisierungspolitik unter verschiedenen Wechselkursregimen funktionieren kann. Laut Mundell bringt eine expansive Geldpolitik bei festen Wechselkursen und offenen Kapitalmärkten nichts. Denn das erhöhte Liquiditätsangebot senkt den Zins, den Preis des Geldes. Damit werden höher verzinsliche Anlagen im Ausland attraktiver, Kapital wandert ab. Das setzt den Wechselkurs unter Druck. Die Zentralbank muss nun den fixierten Wechselkurs mit Fremdwährungsverkäufen und Ankäufen heimischer Währung verteidigen. Dadurch sinkt die Geldmenge. Und zwar so lange, bis sie ihr altes Niveau erreicht hat. Für die Globalsteuerung der Volkswirtschaft ist die Geldpolitik bei festen Wechselkursen deshalb sinnlos. Anders eine expansive Fiskalpolitik: Sie entfaltet dann erst ihre volle Wirkung.

Bei flexiblen Wechselkursen, wie sie heute üblich sind, kehrt sich das Bild um: Die Fiskalpolitik verliert ihre Kraft. Wenn der Staat mehr Geld ausgibt, muss er sich verschulden. Die Nachfrage nach Krediten und damit auch die Zinsen steigen. Renditehungriges Kapital fließt ins Land, treibt den Wechselkurs nach oben und verschlechtert die Exportchancen der Unternehmen. Für die Ankurbelung der Wirtschaft ist nichts gewonnen – aber die Staatskassen sind leer.

Eine Wunderwaffe kann laut Mundell bei flexiblen Wechselkursen hingegen die Geldpolitik sein. Druckt die Zentralbank mehr Geld, drückt das erhöhte Liquiditätsangebot den Zins. Der niedrige Zins macht auch kreditfinanzierte Investitionen mit geringeren Renditen attraktiv, das belebt die Wirtschaft. Darüber hinaus fließt Kapital ab, die Währung wertet ab, der Export wird zusätzlich angekurbelt. Genau diesen Weg beschreiten gerade heute die großen Notenbanken Fed, EZB und Bank of Japan. Mundell hat allerdings lange ignoriert, dass eine ausufernde Geldpolitik langfristig Inflation erzeugt und so das Wachstum gefährdet. Das sah er erst später ein.

Nach mehreren kürzeren Lehraufträgen arbeitete Mundell von 1966 bis 1971 als Professor in Chicago, wo damals Koryphäen des Fachs wie Milton Friedman, Gary Becker und Ronald Coase forschten.

Mundell war bei seinen Studenten für seinen ungewöhnlichen Lehrstil bekannt. Er beschrieb mit leiser Stimme ein Problem, für dessen Lösung er dann die jungen Ökonomen Modelle basteln ließ. Die Studenten hatten Spaß an seinen Vorlesungen, die alles andere als Frontalunterricht waren, genossen seine pädagogischen Fähigkeiten aber eher mit Vorsicht. „Lass dir von Bob einen Einfall geben, aber schreib deine Abschlussarbeit lieber bei einem anderen", so lautete ein einschlägiger Ratschlag auf dem Campus.

In den Achtzigerjahren beriet Mundell den damaligen Präsidenten Ronald Reagan und empfahl ihm einen Cocktail aus straffer Geldpolitik, um die Inflation zu kontrollieren, und sinkenden Steuern. Mit seinem Kollegen an der Universität Chicago, Arthur Laffer, entwarf er die Laffer-Kurve, die heute in kaum einem VWL-Lehrbuch fehlt. Danach sinken die Steuereinnahmen, wenn der Steuersatz zu hoch gewählt ist. Obwohl Mundell den entscheidenden Einfall hat, trägt die berühmte Kurve nicht seinen Namen. Mundell kann damit leben. „Mir gehören genügend Modelle", sagt er.

Der Spitzensteuersatz in den USA sank unter Reagan von 70 auf 28 Prozent. Die Wirtschaft wuchs, und dennoch ist das Konzept bis heute umstritten. Die Reaganomics bildeten ein Gegengewicht zum vorherrschenden Keynesianismus. Anders als bei Keynes erklärt Mundell Wachstum und Vollbeschäftigung von der Angebotsseite aus. Der Staat solle nicht durch Investitionen künstlich und kostspielig die Nachfrage stärken, sondern das Angebot selbst schaffe die Nachfrage, der Staat solle sich zurückhalten. Das beste Mittel seien niedrige persönliche Steuersätze.

Linke Ökonomen schimpfen bis heute, diese Wirtschaftspolitik sei asozial, sie mache die Reichen reicher und die Armen arm. Doch auch konservative Politiker kritisieren, dass unter Reagan der US-Haushalt völlig aus dem Ruder lief. Mundell konnte dafür wenig: Reagan hatte nicht auf ihn gehört und sich geweigert, parallel zu sinkenden Steuern die Staatsausgaben spürbar zu kürzen.

Privat wurde Mundell im Lauf der Zeit zunehmend eigen. Einige Jahre verschwand er vollkommen von der Bildfläche, bei öffentlichen Auftritten nuschelte er schon mal unverständlich vor sich hin. Er beschäftigte sich viel mit Philosophie und erklärte den griechischen Philosophen Plato zum Anhänger harter Währungen und dessen Schüler Aristoteles zum Freund von Weichwährungen. Und er versuchte nachzuweisen, dass die Plünderung von Konstantinopel im Jahre 1203 zu schwankenden Wechselkursen im Mittelalter geführt habe.

Mit großem Eifer renovierte er 25 Jahre lang eine aus dem 12. Jahrhundert stammende Burg der Medici in der Toskana nahe Siena. Der Ökonom hatte die Ruine zur Absicherung gegen Inflation für 100 000 Dollar gekauft. Auf seiner Web-Site (www.robertmundell.net) finden sich zahlreiche Fotos seiner griechischen Frau Valerie Natsios und des gemeinsamen Sohnes Nicolas vor dem Anwesen. Auf dem Gelände versammelt er immer wieder Gleichgesinnte zu ökonomischen Debatten.

Die freilich finden in Fachkreisen nicht gerade ein wohlwollendes Echo. Der MIT-Ökonom Paul Krugman beschreibt Mundells italienischen Palazzo mit 65 Zimmern auf fünf Stockwerken spöttisch als eine heruntergekommene Hütte, wo ein brillanter, aber verschrobener Ökonom merkwürdige Konferenzen außerhalb regulärer akademischer Zirkel abhält. Manche Ökonomen bezeichnen Mundell wegen der Treffen auf seiner Burg und seiner jüngsten wirtschaftspolitischen Vorschläge, wie der Einführung einer Weltwährung, als Anführer einer ökonomischen Sekte. An Mundell perlen diese Lästereien seiner Kollegen jedoch ab. „Kann sein, dass wir eine kleine Sekte sind, aber wie viele Christen gab es vor Jesus? Und wie viele Leute glaubten an Elektrizität vor Edison?"

An Selbstbewusstsein, so viel ist sicher, mangelt es Robert Mundell nicht.

Literatur

Robert Mundell: **A Theory of Optimum Currency Areas** (The American Review Nr. 4, S. 657–665, 1961). In diesem berühmt gewordenen Aufsatz untersuchte Mundell als erster Wissenschaftler die Bedingungen für einen optimalen Währungsraum.

Robert Mundell: **A Plan for a European Currency** (1969). In diesem Papier fordert Mundell zum ersten Mal eine europäische Einheitswährung, um den Kontinent aus der damals herrschenden Dollar-Abhängigkeit zu befreien.

Thomas Courchene (Hrsg.): **Money, Markets and Mobility** (McGill-Queen's University Press, 2001). Aufsatzsammlung zur Entwicklung der Theorie der optimalen Währungsräume und der monetären Theorien von Mundell.

Manfred Gärtner, Matthias Lutz: **Makroökonomik flexibler und fester Wechselkurse** (Springer, 2009). Verständliches Standardwerk zur Rolle von Wechselkursen und Wechselkurssystemen in offenen Volkswirtschaften.

Paul de Grauwe: **Economics of Monetary Union** (Oxford University Press, 2009). Überblickswerk zur Theorie der optimalen Währungsräume.

INTERVIEW MIT ROBERT MUNDELL (März 2012)

„Ich glaube an den Euro"

Der Nobelpreisträger fordert einen konsequenten Schuldenabbau – nicht nur in südeuropäischen Krisenstaaten.

Professor Mundell, die Krise der Europäischen Währungsunion geht weiter. Wird der Euro überleben? Ja. Der Euro hat trotz der Krise eine vielversprechende Zukunft. Zu seinem zehnten Geburtstag 2009 wurde er noch als großer Erfolg gefeiert – und das zu Recht. Die gemeinsame Währung hat die Produktivität in Europa enorm gesteigert und die einzelnen Staaten zu einem großen Wirtschaftsraum verbunden. Es ist natürlich möglich, dass ein insolventes Land wie Griechenland die Euro-Zone verlassen wird. Aber das würde die Gemeinschaftswährung stärken – und nicht schwächen.

Betrachtet man das von Ihnen entwickelte Modell optimaler Währungsräume, ist Europa aber alles andere als ein Musterkandidat. Ich wollte in meiner Arbeit von 1961 zeigen, dass man Gebiete mit hoher Mobilität der Arbeitskräfte zu Währungsunionen zusammenschließen sollte, weil dies hohe Effizienzgewinne bringt. Ich habe damals aber angenommen, dass jeder Staat selbst für seinen Haushalt geradestehen muss und nicht andere Mitgliedsländer bei Schwierigkeiten helfen müssen. Ich glaube nach wie vor, dass die Euro-Zone die Charakteristika eines optimalen Währungsraums erfüllen kann – sobald alle 27 EU-Staaten in die Währungsunion eingetreten sind.

Was wenig realistisch ist. Wie sollte Europa mit den enormen Unterschieden zwischen den Ländern umgehen? Die entscheidenden Unterschiede gibt es bei Produktivität, Technologie und Lebensstandard. Die südlichen Länder haben weniger Kapital und exportieren mehr arbeitsintensive Güter. Das größte Problem aber ist die massive Verschuldung. Die Staatsausgaben sollten in allen Ländern deutlich zurückgefahren werden, nicht nur im Süden. Die meisten Länder hatten in den Sechzigerjahren noch eine Staatsquote von 25 Prozent. Als der Euro eingeführt wurde, war der Anteil der Staatsausgaben am Bruttoinlandsprodukt bereits auf 45 bis 55 Prozent gestiegen.

**Auch die Bundesstaaten in der USA sind hoch verschuldet. Trotz-
dem gibt es keine Probleme mit dem Dollar als Einheitswährung.**
Das stimmt. Der Hauptunterschied ist, dass die US-Bundesstaaten nicht darauf
hoffen können, dass andere für sie einstehen, wenn sie insolvent werden. Das
ist seit den Zeiten von George Washington so. Im 19. Jahrhundert gab es Zah-
lungsausfälle bei neun Bundesstaaten. Die Regierung rettete sie nicht, und die
Staaten mussten sich selbst mit ihren Gläubigern einigen – was gelang. Ähnli-
ches hatten die Schöpfer der Maastricht-Verträge im Sinn. In denen gibt es auch
eine entsprechende Klausel – über die sich die Politik bekanntlich hinwegge-
setzt hat. Das hat die Anreize zur Haushaltsdisziplin in überschuldeten Staaten
verringert.

Was halten Sie vom europäischen Fiskalpakt? Wenn es nicht gelingt, jedes Land für seine Schulden verantwortlich zu machen, bleibt als einzige
Alternative eine Fiskalunion, in der die Staatsausgaben vertraglich gedeckelt
werden.

Das Interview führte Anne Kunz.

● ●

Der Moralökonom – Amartya Sen

Freiheit, Armut, Gerechtigkeit – der Ökonomienobelpreisträger **Amartya Sen** widmet sich den großen moralischen Fragen der Gesellschaft. Mit seinem Versuch, Marktwirtschaft und Ethik zu vereinen, erntet er viel Anerkennung – aber auch manche Kritik.

Seinen Spitznamen hört er überhaupt nicht gerne: „Mutter Theresa der Ökonomen" nennen ihn die Medien bisweilen spöttisch. Das sei ein schlechter Vergleich, findet Amartya Sen, denn er würdige die Arbeit der verstorbenen Ordensschwester und Friedensnobelpreisträgerin herab, die im indischen Kalkutta über Jahrzehnte Sterbende von den Straßen auflas und versorgte. Anders als sie habe er nie etwas geopfert. Das mag stimmen, und doch hat Sen mit Mutter Theresa eines gemeinsam – zeit seines Lebens hat sich der Ökonom mit Armut, Hunger und Unterentwicklung auseinandergesetzt und so „den Armen der Welt eine Stimme gegeben", wie eine indische Zeitung einmal schrieb. Das macht ihn für viele zu einem Ausnahmeökonomen.

Sein US-Kollege Robert Solow nennt Sen das „Gewissen unseres Fachs". Im Februar 2012 ehrte US-Präsident Barack Obama den 78-jährigen Harvard-Professor im Weißen Haus mit der renommierten US-Humanistenmedaille „für seine Erkenntnisse über die Ursachen von Armut, Hunger und Ungerechtigkeit". „Ökonomen haben wir nicht oft hier", bemerkte Obama scherzhaft, und Sen lächelte nur.

In Sen jedoch alleine einen moralisierenden Gutmenschen zu sehen wird ihm nicht gerecht. Er eckt mit seinen Überzeugungen an, und das mit Vergnügen. Den Konservativen ist seine Moralphilosophie ein Ärgernis, die Linken düpiert er mit Warnungen vor Anti-Markt-Dogmatismus. Gerne lässt der gebürtige Inder öffentlich fallen, dass er Mitbegründer der Vereinigung feministischer Volkswirtinnen ist: „Darin sehe ich keinen Widerspruch, das ist eine Sache von großer Wichtigkeit." Sen provoziert gerne in alle Richtungen, wenn es um seine Überzeugungen geht. Und die sind vielschichtig: Er gilt als links und liberal, er hält die Freiheit des Marktes hoch und verweist zugleich auf ihre Grenzen. Er befürwortet Globalisierung und Freihandel, will jedoch zugleich die globalen Finanzmärkte eindämmen – Sen lässt sich in keine Schublade stecken. Sein Credo: „Wir haben alle viele Identitäten."

Wer auf Werk und Wirken des gebürtigen Inders blickt, stößt in seinem Lebenslauf auf eine Armada von Auszeichnungen: Sen hat rund 90 Ehrendoktortitel von Universitäten aus Toronto über Syrakus bis Tokio. Auch die (früher) für marktliberale Positionen bekannte Universität Kiel hat ihm 1997 die Ehrendoktorwürde verliehen. Hinzu kommen gut zwei Dutzend Preise, darunter 1998 der Nobelgedächtnispreis für Wirtschaftswissenschaften und 2007 der Kölner Meister-Eckhart-Preis, eine der renommiertesten philosophischen Auszeichnungen Europas.

Sens Universitätskarriere begann in Kalkutta, es folgten Stationen in Cambridge, an der London School of Economics und in Oxford. 1988 wechselt Sen an die US-Ostküstenuniversität Harvard, wo er heute einen Lehrstuhl für Ökonomie und Philosophie innehat. „Ich bin auf einem Universitätscampus geboren, und es scheint, als hätte ich mein ganzes Leben auf irgendeinem Campus verbracht", sagt er. „Tatsächlich hatte ich nie einen ernsthaften Job außerhalb der Universität."

Mehrere hundert Forschungspapiere und gut zwei Dutzend Bücher hat Sen in dieser langen Universitätskarriere seit 1957 veröffentlicht. Wer in Sens Werk einen roten Faden sucht, stößt immer wieder auf die Idee der Freiheit. Sie hat er aus den unterschiedlichsten Blickwinkeln beleuchtet, Freiheit betrachtet er als Basis menschlichen Daseins schlechthin. „Sen ist ein Liberaler im breiten, traditionellen Sinne, ein politischer Denker, für den der Wert der Freiheit das Wichtigste und Elementarste überhaupt ist", meint Christopher Morris, Philosophie-Professor in Maryland und Herausgeber eines Buches über Sen. Die großen Themen, mit denen er sich beschäftigt – Entwicklung, Armut, Hunger, Gerechtigkeit, Markt und Moral –, sind von diesen Freiheitsvorstellungen durchdrungen. Einige zentrale Begriffe hat er so neu definiert und erweitert, was auch das Nobel-Komitee besonders würdigte.

Entwicklung bedeutet für Sen in diesem Sinne, „die mannigfachen Ursachen von Unfreiheit zu beseitigen, die Menschen keine Wahl lassen, ein selbstbestimmtes Leben zu führen". Dieser Ansatz geht weit über Standarddefinitionen hinaus, die Entwicklung primär als Wachstum des Bruttoinlandsprodukts (BIP) verstehen. „Armut ist das Fehlen fundamentaler Möglichkeiten", sagt Sen. „Menschen murren nicht nur wegen Hunger, sondern auch, weil sie nicht genug Wahlmöglichkeiten im Leben haben." Einkommen und materieller Reichtum seien ein Faktor, aber kein grundlegendes Entwicklungsziel. „Sie sind, wie Aristoteles bemerkte, nur ein Nutzwert: ein Mittel für andere Zwecke." Entwicklung heißt daher, alle Faktoren zu beseitigen, die den Menschen keine Wahl lassen: Armut, Despotismus, fehlende wirtschaftliche Chancen, soziale Benachteiligung, vernachlässigte öffentliche Einrichtungen oder die erstickende Kontrolle autoritärer Staaten. Fünf verschiedene Arten von Freiheiten sieht er als essenziell: politische Freiheit, ökonomische Chancen, gesellschaftliche Verwirklichung, Transparenz und soziale Sicherheit.

Mit seinen Arbeiten lieferte Sen in den Neunzigerjahren die Grundlage für den viel beachteten Human Development Index (HDI), einen Entwicklungsindikator der Vereinten Nationen, der neben dem Pro-Kopf-Einkommen auch das Bildungsniveau und die Lebenserwartung der Menschen eines Landes misst. 2008 berief Frankreichs Präsident Nicolas Sarkozy Sen zusammen mit den Ökonomen Joseph Stiglitz und Jean-Paul Fitoussi an die Spitze einer Kommission, die neue Maßstäbe zur Messung von Wohlstand und sozialem Fortschritt jenseits des traditionellen Bruttoinlandsprodukts entwickeln sollte.

In ihrem Abschlussbericht stellten die Wissenschaftler fest, dass das BIP als Wohlstandsmesser nicht nur zu simpel, sondern regelrecht irreführend sei: „Schauen wir uns den Effekt an, den das Leben zweier Menschen auf das BIP hat: Der eine trifft sich abends mit seiner Partnerin zu Hause und kocht mit ihr ein Abendessen. Die meisten Zutaten kommen aus ihrem Garten. Danach setzen sie sich aufs Sofa und lesen entspannt ein Buch. Der Nettobeitrag, den sie an diesem Abend zum BIP leisten, besteht aus den wenigen gekauften Zutaten für das Essen und den Bücherkosten. Der andere Mensch ist ein Single-Student, der abends in einer Fast-Food-Kette isst, sich in einer Bar betrinkt, eine Prostituierte besucht, auf dem Nachhauseweg sein Auto schrottreif fährt und für den Rest der Strecke ein Taxi nimmt. Dieser nicht sonderlich glückliche Mensch hat am gleichen Abend enorm zum Wachstum des Landes beigetragen, denn Essen und Trinken, der Lohn für die Prostituierte, die Autoreparatur und die Taxifahrt werden als BIP-Steigerung erfasst."

Stiglitz und Sen empfehlen daher, bei der Messung von Wohlstand stärker nicht monetäre Faktoren wie Gesundheit, Bildung, Umwelt und psychische Zufriedenheit einzubeziehen. Neben dem BIP, das nur den Marktwert produzierter Güter misst, solle zudem stärker auf das private Einkommen und den Konsum sowie deren Verteilung geachtet werden. Mit „relativ wenig Aufwand" für das Sammeln und Analysieren neuer Daten, so die Ökonomen, ließen sich die Statistiken und unsere ökonomische Sicht auf die Welt reformieren.

Sens Forschungsvorlieben sind auch in seiner Lebensgeschichte begründet. Am eigenen Leib hat er Armut und Hunger zwar nie erfahren, doch die Konfrontation mit der Not in seiner Heimat prägte ihn nachhaltig. Geboren am 3. November 1933 in der Universitätsstadt Santiniketan, 180 Kilometer nördlich von Kalkutta, wuchs Sen in Dhaka, der heutigen Hauptstadt von Bangladesch, in einer hochgebildeten Familie von Hindus auf. Sein Vater war Chemieprofessor, der Großvater Sanskrit-Lehrer.

Bengalen gehörte damals als Teil Indiens zum britischen Kolonialreich. Als Zehnjähriger sah Sen die Menschen in den Straßen sterben, drei Millionen Menschen kamen bei der großen bengalischen Hungersnot ums Leben. „Sie lagen tot vor Süßwarenläden mit vollen Auslagen, man hätte einfach nur die Scheiben einschlagen müssen." Eine Weile später erlebte er den Tod eines muslimischen Arbeiters mit, der „herzzerreißende Schreie ausstieß und heftig blutend durch unser Tor gelaufen kam. In seinem Rücken steckte ein Messer." Zwischen Hindus und Muslimen tobte ein blutiger Bürgerkrieg, an dessen Ende Westbengalen mit Kalkutta der Indischen Union, Ostbengalen mit Dhaka dem muslimischen Pakistan zugeschlagen wurde.

Sens Vater brachte den muslimischen Arbeiter in ein Krankenhaus, wo er bald starb. Der Mann hatte sich in ein Hindu-Stadtviertel gewagt, da er sonst nirgendwo Arbeit gefunden hätte, um seine Familie zu ernähren. „Das hatte eine niederschmetternde Wirkung auf mich", sagt Sen. Denn es zeige, dass „ökonomische Unfreiheit in Gestalt extremer Armut einen Menschen zum hilflosen Opfer macht". Sen entschied sich, Volkswirtschaftslehre zu studieren, wenngleich er sich auch für Mathematik und Sanskrit sehr interessierte.

In seinen frühen Universitätsjahren in Cambridge konzentrierte sich Sen auf das Fachgebiet „Social Choice", die Theorie kollektiver Entscheidungen. Sie beschäftigt sich mit Gruppenprozessen, ihren Möglichkeiten, Voraussetzungen und Grenzen. Abstimmungen und Wahlen etwa sind klassische Social-Choice-Themen. Der US-Ökonom Kenneth Arrow hatte diesen Forschungsbereich seit den Fünfzigerjahren vorangetrieben. Er stellte das sogenannte Unmöglichkeitstheorem auf, wonach die Summe individueller Vorlieben und Entscheidungen in einer Gruppe oft keine eindeutige soziale Entscheidung hervorbringt, wenn diese Vorlieben folgenden Kriterien genügen: Sie müssen unabhängig voneinander sein, sich zueinander konsistent verhalten, nicht diktatorisch und „paretoeffizient" sein (was bedeutet, dass durch einen Tausch niemand mehr besser gestellt werden kann, ohne dass ein anderer schlechter gestellt wird).

Arrows Theorem entfachte in der Wissenschaft eine große Debatte. Es warf die in den damaligen Zeiten des Kalten Krieges heikle Frage auf, ob Diktaturen womöglich bessere soziale Entscheidungen treffen als Demokratien. Sen widerlegte Arrows Theorem, indem er dessen Grundannahmen erweiterte. Dazu definierte er die Vorlieben eines Individuums breiter: Sie sind von seiner aktuellen Lebenslage abhängig, können damit stärker variieren und folgen so einer weiter gefassten Idee von Konsistenz als in Arrows Theoriegebäude. Aggregiert man nun die Vorlieben, lösen sich die Widersprüche weitgehend auf.

Es verwundert nicht, dass Sen sich gegen die viel diskutierte „Lee-These" stellt, benannt nach dem Ex-Regierungschef von Singapur, Lee Kuan Yew. Sie besagt, dass das Verweigern politischer Freiheiten eine schnelle ökonomische Entwicklung fördert. Falsch, sagt Sen, denn warum haben dann das autokratisch regierte China und die weltgrößte Demokratie Indien ähnlich hohe Wachstumsraten?

Stattdessen, argumentiert er, gehe Wohlstand oft mit politischer Freiheit einher. „Es gab noch nie eine große Hungersnot in einer Demokratie. Hungerkatastrophen gab es nur in Militärdiktaturen, kommunistischen Staaten und Kolonien", sagt er. „Wer sich Wahlen stellen muss, kann sich keine großen sozialen Katastrophen leisten." Hätte es in China beim sogenannten „Großen Sprung nach vorn" unter Mao zwischen 1958 und 1961 Demokratie und freie Presse gegeben, behauptet Sen, wäre es nicht zu der Hungerkatastrophe gekommen, in der 30 Millionen Menschen umkamen.

Umgekehrt ist für ihn politische Freiheit nicht ohne Marktfreiheit denkbar. „Grundsätzlich gegen Märkte zu votieren wäre ungefähr so seltsam, wie grundsätzlich Gespräche zwischen Leuten abzulehnen", sagt er und verweist auf den Urvater der Volkswirtschaftslehre, Adam Smith: „Wie Smith bemerkte, ist die Tausch- und Handelsfreiheit, für sich selbst gesehen, ein unabdingbarer Teil der fundamentalen Freiheiten, die Menschen schätzen sollten."

Marktfreiheit hat damit für Sen einen Eigenwert, der weit über seinen Nutzwert als Wachstums- und Wohlstandsmotor hinausgeht. Das hält ihn aber nicht davon ab, Grenzen des Marktes zu sehen und staatliches Eingreifen zu fordern. Den Staat sieht er nicht als Gegner des Marktes, sondern als Akteur, der „das Streben nach absoluter Freiheit unterstützt", etwa durch ein soziales Sicherungsnetz, das die Menschen vor extremer Armut, also Unfreiheit, bewahrt. Sen fordert dabei, Adam Smith in seiner ganzen Breite als Moralphilosoph und Ökonom zu verstehen, statt ihn auf die enge Markt- und Profitsicht zu reduzieren. Dass er sich ausführlich mit seinem großen Vorbild befasst hat, ist anzunehmen: In dritter Ehe ist Sen mit der britischen Adam-Smith-Expertin und Harvard-Professorin Emma Rothschild verheiratet.

Sens Thesen klingen eingängig, doch sie sind nicht unumstritten. Sein Freiheits- und Marktbegriff wird weder von den Marktdogmatikern noch von deren Gegnern geteilt. Für das „Wall Street Journal" ist Sen ein Linksideologe: „Anstatt einen Mittelweg zwischen links und rechts zu finden, versucht Sen Linke mit Linken zu versöhnen – die Wohlfahrtsliberalen, die die Gleichheit der Chancen vertreten, mit den Radikalen, die die Gleichheit der Ressourcen fordern", ätzte das Blatt 1998, als Sen den Nobelpreis erhielt: „Der falsche Ökonom hat gewonnen."

Jenseits der ideologischen Grabenkämpfe fällt auf, dass seine Antworten oft vage bleiben, wenn Details gefordert sind. Das mag in der Natur aller großen geistigen Entwürfe liegen, doch es geht auf Kosten der Praxisnähe. Seitenweise ergeht sich Sen in seinen Büchern über die Frage, wie sich Entwicklung definieren lässt und was sie leisten soll. Doch wie dies konkret umgesetzt und vor allem finanziert werden soll, erfährt der Leser kaum. Entwicklung funktioniere nicht über „Blut, Schweiß und Tränen", sagt Sen, sie müsse menschenfreundlich sein. Ein schöner Gedanke, den wohl jeder unterschreiben würde.

Ist jedoch in der Praxis Entwicklung tatsächlich ohne einen gewissen Verzicht möglich? Und wie lässt sich menschenfreundliche Entwicklung finanzieren? Man fragt sich, wie Sen diese Fragen mit seinem engen Freund Manmohan Singh diskutiert, der als indischer Premierminister konkrete Lösungen für die Armut und Ungleichheit in seinem Land sucht. Und man wüsste gerne, was Sen Bundeskanzlerin Angela Merkel in Sachen Schuldenkrise raten würde. „Es ist sicher richtig, dass viele Länder Europas in ihrem Wirtschaften mehr Rechenschaftspflicht und Verantwortlichkeit brauchen", schrieb er im Dezember 2011 in der „Financial Times". Dennoch halte er die harten Sparprogramme, wie sie von einigen Ländern, von den Märkten und Ratingagenturen propagiert würden, für verfehlt. Sie nähmen den Ländern die Luft zum Atmen. Über das Problem des „Moral Hazard", des moralischen Trittbrettfahrens, und die Risiken hoher Schuldenlasten mochte er sich hingegen nicht auslassen.

Für das mühsame Klein-Klein der Tagespolitik ist Sen kaum zu haben. Was bleibt, sind die großen Linien, die er entwirft, die ökonomischen Debatten, die er seit Jahrzehnten anstößt und befruchtet. Eine Ökonomie der Moral bleibt sein großes Ziel. Manche mögen dies als blauäugigen Idealismus abtun. Viele sehen in Zeiten von Finanzkrise und Marktversagen darin die Zukunft der Volkswirtschaftslehre.

● ●

ZITATE

„Entwicklung heißt, die mannigfachen Ursachen von Unfreiheit zu beseitigen, die den Menschen kaum eine Wahl lassen, ein selbstbestimmtes Leben zu führen."

„Grundsätzlich gegen Märkte zu votieren wäre ungefähr so seltsam, wie grundsätzlich Gespräche zwischen Leuten abzulehnen."

„Die moderne Ökonomie ist um ein Vielfaches ärmer geworden durch ihre Distanz zur Ethik."

„Es gab noch nie eine große Hungersnot in einer Demokratie."

● ●

Literatur

Amartya Sen: **Ökonomie für den Menschen** (Hanser 2000, englischer Titel: Development as Freedom). Ein Klassiker Sens, der die Vision einer menschenfreundlichen Wirtschaft entwirft und für eine neue Entwicklungs- und Wirtschaftspolitik eintritt.

Amartya Sen: **Die Idee der Gerechtigkeit** (Beck 2010). In seinem jüngsten Buch setzt sich Sen mit der von John Rawls geprägten Gerechtigkeitstheorie des 20. Jahrhunderts auseinander und diskutiert Wege zur Beseitigung von Ungerechtigkeit.

Amartya Sen: **On Ethics and Economics** (Blackwell 1989). Sen fordert in diesem Werk eine Ökonomie, die die Moral in ihre Theorien integriert, und zeigt auch formalanalytisch, wie beides zu vereinen sein könnte.

Christopher W. Morris (Hrsg.): **Amartya Sen** (Cambridge University Press 2009). In acht Essays wird ein Überblick über Sens wissenschaftliche Forschung gegeben. Ein guter Einstieg für alle, die sich im Detail mit Sens Schaffen auseinandersetzen wollen.

Der Moralökonom – Amartya Sen

Down to Earth – Robert Shiller

Der US-Ökonom **Robert Shiller** fordert eine neue Volkswirtschaftslehre, die sich der Psychologie von Menschen und Märkten öffnet. Lange war er ein Rufer in der Wüste – in der Finanzkrise ist er zum Massenprediger geworden.

Down to Earth – Robert Shiller

Wie ein Krisenprophet sieht er nicht gerade aus. Eher wie ein zerstreuter Professor. Dass der schmächtige Mann mit dem Schuljungengesicht an den Finanzmärkten den Spitznamen „Dr. Doom" trägt, mag daher auf den ersten Blick überraschen. Doch Robert James Shiller gehört zu den wenigen Ökonomen, die schon früh die Finanzkrise heraufziehen sahen. Bereits 2005 warnte er vor den Übertreibungen am US-Immobilienmarkt und sagte einen Crash voraus. „Ich habe geredet und geredet", sagt er heute, „aber es herrschte eine große Euphorie, da hat jeder seine eigenen Zweifel unterdrückt."

Nun sind die Finanzmärkte aus den Fugen geraten, die Schuldenkrisen in Europa und USA eskalieren, die Systeme wanken. Die Welt sucht nach Orientierung, streift Altes ab und bricht zu Neuem auf – auch in der Volkswirtschaftslehre. Lange hatte sie die strenge Rationalität und Effizienz von Menschen und Märkten propagiert, nun ist sie von der Realität überrollt worden.

Es ist die Stunde der Behavioral Economics, der Verhaltensökonomie – und Shiller, 65, ist einer ihrer einflussreichsten Vordenker. Seit Jahrzehnten erforscht der VWL-Professor aus Yale das Feld, zahlreiche Studien und Bücher hat er veröffentlicht. Seine Werke „Animal Spirits" und „Irrational Exuberance", die das Verhalten von Menschen und Märkten jenseits strikter Rationalität untersuchen, sind zu Dauerbrennern in den Buchhandlungen geworden. Das Magazin „Foreign Policy" zählt Shiller zu den 100 einflussreichsten Denkern weltweit, „for bringing economics down to earth" – weil er die Volkswirtschaftslehre auf den Boden der Tatsachen gebracht habe. Die Leser des „Economist" sehen den 65-Jährigen in einer Umfrage als einen von fünf Ökonomen, die die Wirtschaftswissenschaft in den nächsten zehn Jahren am stärksten beeinflussen werden. Shillers Erfolg ist nicht vom Himmel gefallen, sondern über Jahrzehnte erkämpft. Geboren 1946 in der damals noch prosperierenden Autostadt Detroit, war er schon als Jugendlicher ein eigensinniger Kopf und selbstbewusst bis zur Respektlosigkeit. „Schon mein Sonntagsschullehrer beschwerte sich bei meinen Eltern, ich hätte ein schlechtes Benehmen", sagt er.

Mit Geld- und Finanzthemen hatte er anfangs wenig am Hut, dennoch studierte er Volkswirtschaftslehre, zunächst an der Universität Michigan, dann am renommierten, keynesianisch orientierten Massachusetts Institute of Technology (MIT). Als er dort 1972 seine Promotion abschloss und als Dozent nach Minnesota und Pennsylvania wechselte, war die Verhaltensökonomie eine vom Mainstream weitgehend ignorierte Nische. 1982 wurde Shiller als VWL-Professor nach Yale berufen. Auch dort dominierte die neoklassische Theorie das Fach. Ihre Modelle bauen auf den Annahmen auf, dass Menschen stets rational handeln, ihre Entscheidungen auf der Grundlage klarer Präferenzen treffen, vollständig informiert sind – und in jeder Situation im Sinne der Nutzenmaximierung das Beste für sich herausholen wollen. Entsprechend effizient funktionieren die (Finanz-)Märkte: Güter- und Vermögenspreise spiegeln zu jedem Zeitpunkt alle verfügbaren Informationen wider und sind damit die korrekten, „wahren" Preise (Effizienzmarkthypothese). Preise schwanken, wenn neue Informationen verarbeitet werden, doch dank des schnellen Ausgleichs von Angebot und Nachfrage finden sie wieder zum Gleichgewicht zurück. Extrem starke Preisausschläge oder -blasen sind in dieser Modellwelt ausgeschlossen.

Shiller war zunächst selbst ein Verfechter der Neoklassik, wandte sich jedoch in den Achtzigerjahren von ihr ab und kritisierte ihre Annahmen fortan als unzulässige Vereinfachungen: Menschen entscheiden in der Realität oft nicht rein rational, sondern sind von Emotionen, Gewohnheiten, kulturellen und sozialen Präferenzen geprägt, sie lassen sich von ihrem direkten Umfeld beeinflussen und besitzen nicht annähernd vollständige Information. Auf den Märkten finden sich daher zahlreiche Ineffizienzen und Anomalien: Preise, so die Verhaltensökonomen, können lange ohne Korrektur in eine Richtung streben oder extrem schwanken, ohne dass es dafür fundamental gerechtfertigte Gründe gibt.

Dass sich die Mainstream-Ökonomie so schnell auf die vereinfachten Annahmen eingelassen und den Markt nicht infrage gestellt habe, „war einer der größten Fehler in der Geschichte des ökonomischen Denkens", sagt der 65-Jährige heute. Dadurch sei das Fach so weit verengt, dass es den Bezug zur Realität verloren habe. Die Finanzkrise legte dies schonungslos offen: Die meisten Ökonomen achteten nicht auf die exorbitanten Preisanstiege am US-Immobilienmarkt vor 2007 – der Markt konnte sich ja nicht irren. „Nicht nur, dass unsere Zunft die Krise nicht vorhergesagt hat. Viele Modelle haben eine Krise dieses Ausmaßes von vornherein ausgeschlossen", kritisiert Shiller.

Den Ökonomen der ersten Stunde war dieser Tunnelblick noch fremd. Sie, allen voran Adam Smith (1729–1790), verstanden sich in erster Linie als Moralphilosophen, die zur Analyse ökonomischer Zusammenhänge die Geschichte, Philosophie und Psychologie heranzogen. Shiller verweist gerne auf diese Wurzeln. Adam Smith konnte dem egoistischen, rationalen Individuum – entgegen der landläufigen Vorstellung über seine Thesen – wenig abgewinnen: „Wie selbstsüchtig ein Mensch auch scheinen mag, er ist von seinem Wesen her am Wohlergehen anderer interessiert, auch wenn er daraus nichts zieht als die bloße Freude", schrieb der Urvater der Nationalökonomie in seinem 1759 erschienen ersten Hauptwerk „Die Theorie der moralischen Gefühle". Und weiter: „Wir leiden mehr, wenn wir von einer besseren in eine schlechtere Situation geraten, als wir uns jemals freuen, wenn das Umgekehrte eintritt." Smith nahm damit das von den Verhaltensökonomen propagierte Konzept der Verlustaversion vorweg.

Lange Zeit verstand sich die Volkswirtschaftslehre als Universalwissenschaft. Robert Heilbroner sprach in seinem 1953 erschienenen Standardwerk von den großen ökonomischen Denkern als „Worldly Philosphers" – den weltlichen Philosophen. Doch zu Beginn des 20. Jahrhunderts drehte sich der Wind. Die Ökonomie wurde vom Positivismus erfasst: Einzig klare, messbare Ergebnisse zählten nun. Die historisierende, psychologisierende VWL jener Tage hatte viele in der Zunft enttäuscht, sie hatte zu wenig Greifbares vorzuweisen. Der berechenbare Homo oeconomicus kam da als neues Modellbild gerade recht. Mit ihm ließen sich elegante, präzise und zugleich einfache Modelle zur Funktionsweise von Märkten und Wirtschaftssystemen konstruieren. Seither, klagt Shiller, sei die Wirtschaftswissenschaft dem „Physikneid" erlegen. „Ökonomen wollen gerne Naturwissenschaftler sein." Die Psychologie oder Soziologie lehnten sie als zu schwammig ab und grenzten so ihr Fach nach außen ab. „Dieser Gruppendruck wirkt", sagt Shiller. „Menschen in Expertengruppen sorgen sich ständig um ihre persönliche Bedeutung und ihren Einfluss und befürchten Nachteile, wenn sie zu weit vom Konsens abrücken."

Die Verhaltensökonomen wollen das Fach nun wieder öffnen. Ziel ist es, psychologische Elemente menschlichen Verhaltens in die neoklassischen Standardmodelle zu integrieren, um deren Aussagekraft und praktische Relevanz zu erhöhen. Shiller sagt, seine Frau Virginia, mit der er seit mehr als 30 Jahren verheiratet ist, habe ihn immer wieder motiviert, in diese Richtung zu denken. Sie lehrt und forscht als klinische Psychologin in Yale.

Als Eisbrecher der Verhaltensökonomie etablierte sich in den Siebzigerjahren der israelisch-amerikanische Psychologe Daniel Kahneman. Gemeinsam mit seinem Kollegen Amos Tversky veröffentlichte er 1979 in der Fachzeitschrift „Econometrica" – einer der angesehensten und zugleich mathematischsten Publikationen der VWL – einen Aufsatz mit dem Titel „Prospect Theory: An Analysis of Decision under Risk". Kahneman und Tversky hatten ein Modell menschlicher Entscheidung entwickelt, das den Umgang mit Risiko neu erklärte. Die neoklassische Theorie geht nach dem Erwartungsnutzenkonzept davon aus, dass Menschen alle Optionen und Ergebnisse kennen, bevor sie eine Entscheidung treffen. Sie multiplizieren den Ergebnisnutzen mit den Wahrscheinlichkeiten der Optionen und erhalten so ihr Ergebnis. Kahneman wandte hingegen das Prinzip der Verlustaversion (loss aversion) an: Menschen gewichten erwartete Verluste stärker als Gewinne in gleicher Höhe und erzielen damit ganz andere Nutzenwerte. Der Aufsatz sorgte für viel Aufsehen und ist bis heute einer der meistzitierten Texte des Journals geblieben. Gut 30 Jahre später – Tversky war schon gestorben – erhielt Kahneman 2002 für seine Arbeiten den Wirtschafts-Nobelpreis.

Kahnemans Erfolg beflügelte das Feld. Neue Konzepte der Präferenzbildung rückten ins Blickfeld. In Experimenten stellte sich heraus, dass Menschen ihre Entscheidungen auch danach treffen, in welcher Reihenfolge und mit welchen Worten ihnen die Alternativen präsentiert werden (framing). Sie tendieren dazu, sich selbst und ihre eigenen Fähigkeiten zu überschätzen (overconfidence) und können sich kaum vorstellen, dass andere weniger wissen als sie selbst (curse of knowledge). Menschen, so die Verhaltensökonomen, zeigen zudem einen „wishful thinking bias", der sie glauben lässt, was sie glauben wollen; und sie lassen sich von Informationen, die ihnen einfacher zugänglich sind, stärker beeinflussen (availability bias). All dies führt zu systematischen Abweichungen vom klassisch-rationalen Verhalten.

Mittlerweile hat auch die Politik den Ball aufgenommen. US-Präsident Barack Obama lässt sich von Cass Sunstein, einem Harvard-Juristen und Anhänger der Verhaltensökonomie beraten. Der britische Premier David

Cameron hat ein ganzes „Behavioral Insight Team" ins Leben gerufen. Die Regierungsberater setzen sich für einen liberalen Paternalismus in der Wirtschaftspolitik ein: Da Menschen sich oft suboptimal verhalten, muss man ihnen helfen, bessere Entscheidungen zu treffen. Sunstein und der Chicagoer Ökonom Richard Thaler haben dazu in ihrem aktuellen Buch „Nudge" eine Menge praktischer Vorschläge geliefert: Wer will, dass Menschen sich tagsüber gesund ernähren, sollte in einer öffentlichen Kantine den Salat vor den Pommes frites platzieren.

Shiller übertrug die Erkenntnisse seiner Kollegen auf das Feld der Behavioral Finance – er studierte die Verhaltensökonomie der Finanzmärkte. Bereits 1981 veröffentlichte er als junger Professor in der „American Economic Review" einen Aufsatz mit dem Titel: „Do stock prices move too much to be justified by subsequent changes in dividends?", in dem er die Effizienzmarkthypothese anzweifelte – damals eine Provokation. Im März 2000, fast zeitgleich mit dem Platzen der Dotcom-Blase an den Aktienmärkten, kam sein Buch „Irrational Exuberance" auf den Mark. Der Yale-Professor erklärte, warum Finanzmärkte immer wieder übertreiben und sich in einen „irrationalen Überschwang" hineinsteigern.

Shiller begründet diesen Überschwang unter anderem mit Herdenverhalten: „Menschen folgen der Mehrheitsmeinung, auch wenn sie allen offensichtlichen Fakten widerspricht". Sie tun dies aufgrund der verschiedensten psychologischen und sozialen Verhaltensmuster, etwa des sogenannten Feedback-Mechanismus: Wenn Preise spekulativ nach oben gehen und Investoren Gewinne erzielen, ziehen sie Aufmerksamkeit auf sich. An den Märkten setzt Mundpropaganda ein, Informationskaskaden entstehen, bei denen bestimmte Informationen dominieren und sich immer weiter ausbreiten. Mehr und mehr Investoren erzielen Kursgewinne, Enthusiasmus macht sich breit, die Marktteilnehmer stecken sich gegenseitig an („Contagion"). Die höhere Nachfrage lässt die Preise weiter steigen, eine Preisblase entwickelt sich, bis die Stimmung umschlägt und die Blase platzt. Auch vollständig rationale Menschen können sich diesem Herdenverhalten nicht entziehen, sagt Shiller.

Die Revolution in der Informationstechnologie sieht Shiller vor diesem Hintergrund ambivalent. Der sekundenschnelle Austausch von Informationen könne Herdenverhalten und Blasenbildung verstärken. Schon das Telefon habe in den Zwanzigerjahren die Volatilität der Finanzmärkte erhöht und so den Börsencrash von 1929 mitbeeinflusst, glaubt er. Heute sind im Hochfrequenzhandel der Aktienmärkte die Orderspannen auf Millisekunden zusammengeschrumpft.

Shillers „Irrational Exuberance" wurde ein Bestseller. Doch die Wirtschaft erholte sich nach der Rezession von 2002/03 überraschend schnell, Begriffe wie Blase oder Herdentrieb waren rasch vergessen, und Shiller musste sich des Kollegen-Spotts erwehren. Der Ökonom blieb gleichwohl skeptisch: Der Case-Shiller-Häuserpreisindex, den er 1991 mit seinen Kollegen Karl Case und Allan Weiss entwickelt hatte, zog in den Folgejahren stark an. Schon 2005 warnte Shiller, dass die Immobilienpreise fundamental nicht gerechtfertigt seien. Im Sommer 2007 brach der US-Häusermarkt zusammen und löste die weltweit schwerste Finanz- und Wirtschaftskrise seit den Dreißigerjahren aus.

Shiller durfte sich bestätigt fühlen, doch mit seiner Popularität wuchs auch die Kritik. An 100 Einzelphänomenen werde gezeigt, warum Menschen und Märkte irrational oder ineffizient seien, aber bis heute fehle es den Verhaltensökonomen an einer konsistenten Theorie, bemängelt der US-Ökonom Eugene Fama, ein einflussreicher Vertreter der Effizienzmarkthypothese. Ein Flickenteppich also statt eines stichhaltigen neuen Denkansatzes? „Ein typischer Aufsatz [von Verhaltensökonomen] ist schwammig und schrecklich lang. Einfache Ideen gehen in schlecht formulierten Modellen und Zahlenbeispielen unter", kritisiert der Spieltheoretiker Ariel Rubinstein. „Wir sollten die Reichweite unserer Forschung erhöhen – aber nicht dadurch, dass wir unsere Standards senken."

Shiller bleibt angesichts der Kritik gelassen. Dass ein junger Zweig wie die Verhaltensökonomie Fehler mache, sich immer wieder korrigiere und von einer einheitlichen Theorie entfernt sei, liege in der Natur der Sache. Aber das, sagt er, sei noch lange kein Grund, aufzugeben und sich auf die alten Positionen zurückzuziehen.

Preisblasen haben die Märkte seit der Tulpen-Manie in den Niederlanden im 17. Jahrhundert immer wieder erfasst und werden dies auch in Zukunft tun, warnt der Ökonom. Aktienmärkte seien grundsätzlich anfälliger, weil dort mit großem Hebel investiert werde. „Es gab drei große Aktienmarktblasen im vergangenen Jahrhundert: in den Zwanzigern, den Sechzigern und den Neunzigern (...), aber nur eine große US-Immobilienblase in den vergangenen 100 Jahren – die aktuelle." Sein Top-Kandidat für eine neue Spekulationswelle ist Ackerland – hier sieht der Professor die Preise, bedingt durch Klimawandel und Nahrungsmittelknappheit in den nächsten Jahren, noch stärker steigen.

„Finanzkrisen lassen sich nicht verhindern", glaubt Shiller. Aber man könne ihre Häufigkeit und Stärke reduzieren. Mit diesem Ziel fanden sich im Herbst 2008 er und 14 weitere US-Ökonomen zusammen, um konkrete Vorschläge zur Reform des Finanzsystems zu erarbeiten. Sie dienen unter dem Titel „Squam Lake Report" seither zahlreichen Regierungen als Grundlage für ihre Reformagenda.

Die Autoren fordern eine neue Finanzaufsicht, die die Institute in ihrer Gesamtheit überwacht (makroprudentielle Aufsicht) und im Falle von Systemrisiken einschreitet. Idealerweise sollten die Zentralbanken dies übernehmen. Banken sollen mehr Eigenkapital hinterlegen – je größer und systemrelevanter sie sind und je höher ihre kurzfristigen Schulden liegen, desto höher die Rücklagen. Schließlich fordern Shiller & Co., die Boni von Finanzmanagern neu zu strukturieren: Zahlungen sollen für mehrere Jahre zurückgestellt und erst danach als vorher festgelegte Barsumme – also nicht in Aktien – ausgezahlt werden. Damit sinkt der Anreiz, den kurzfristigen Gewinn nach oben zu treiben, um schnelles Geld zu machen. „Finanzleute", sagt Shiller, „sollten bescheidene Diener der Unternehmen sein."

In diesem Satz klingt der Anspruch durch, den er an die Märkte und sein eigenes Fach stellt. Shiller will nicht nur Aktienblasen erklären, er fordert ein Finanzsystem, das nicht nur Assetmanagern, sondern der breiten Bevölkerung zugutekommt. Ökonomen sollten „breit denken, angetrieben vom moralischen Ziel, das Wohl der Menschen zu verbessern", schreibt er. Dazu brauche sein Fach eine neue Offenheit: „Manchmal müssen wir den Autopiloten abstellen und gerade in Krisen unseren besten menschlichen Intellekt einsetzen." Und es braucht wohl auch eine große Leidenschaft: Auf die Frage, wie er sich den perfekten Sonntag vorstelle, sagt Shiller: „Mit meiner Frau am Strand sitzen und über ökonomische Fragen nachdenken."

ZITATE

„Finanzleute sollten bescheidene Diener der Unternehmen sein."

„Manchmal müssen wir den Autopiloten abschalten."

•••

Literatur

In seinen Bestsellern **Irrational Exuberance** (2000, Princeton University Press, pdf eBook) und **Animal Spirits - Wie Wirtschaft wirklich funktioniert** (Campus, 2009) präsentiert Shiller seine theoretischen Ideen einem breiten Publikum. In seinem Buch **Die Subprime-Lösung** (Börsenmedien AG, 2008) analysiert er den amerikanischen Immobiliencrash und entwirft das Modell eines neuen Finanzsystems. In **The Squam Lake Report** (Princeton University Press, 2010) entwickelt er mit renommierten Kollegen praktische Vorschläge, wie sich Finanzkrisen und Spekulationswellen künftig eindämmen lassen.

•••

Der Herausgeber und die Autoren

Herausgeber:
Roland Tichy, Jahrgang 1955, ist seit August 2007 Chefredakteur der Wirtschaftswoche in Düsseldorf. 2008 erhielt er den Ludwig-Erhard-Preis für Wirtschaftspublizistik.

Redaktionelle Leitung:
Bert Losse, Jahrgang 1965, ist stellvertretender Leiter des Ressorts „Politik + Weltwirtschaft" der WirtschaftsWoche und dort unter anderem für die Heftstrecke „Der Volkswirt" verantwortlich. In diesem Buch verfasste er die Kapitel über Adam Smith, Gary S. Becker und Walter Eucken.

Weitere Autoren:
Konrad Fischer, Jahrgang 1984, ist Redakteur der WirtschaftsWoche. Er interessiert sich vor allem für die Rolle von Staaten und internationalen Organisationen in der Weltwirtschaft. In diesem Buch beschreibt er Friedrich List.

Malte Fischer, Jahrgang 1963, ist Chefvolkswirt der WirtschaftsWoche. Schwerpunkte seiner Arbeit sind die Themen Geld und Währung, Konjunktur und Wissenschaft. Er porträtiert David Ricardo, Ludwig von Mises, John Maynard Keynes und Milton Friedman.

Konrad Handschuch, Jahrgang 1955, ist Leiter des Ressorts „Politik + Weltwirtschaft" der WirtschaftsWoche. Für seinen Beitrag über Gustav Stolper tauchte der Volkswirt tief in die Archive der Verlagsgruppe Handelsblatt ein.

Anne Kunz, Jahrgang 1983, ist Redakteurin im Frankfurter Büro der WirtschaftsWoche. Dort kümmert sie sich schwerpunktmäßig um Fragen der Geldpolitik und um die Zukunft der Europäischen Währungsunion. In diesem Buch verfasste sie die Texte über Robert Solow und Robert Mundell.

Saskia Littmann, Jahrgang 1986, ist Volontärin bei der Verlagsgruppe Handelsblatt in Düsseldorf und hat sich während ihres VWL-Studiums in die experimentelle Wirtschaftsforschung vertieft. Für dieses Buch beschäftigte sie sich mit Reinhard Selten.

Elke Pickartz, Jahrgang 1973, war mehrere Jahre Redakteurin der WirtschaftsWoche. Derzeit arbeitet die studierte Volkswirtin als freie Journalistin und Autorin in Frankfurt. In diesem Buch porträtiert sie Paul A. Samuelson, Amartya Sen und Robert Shiller.

Dieter Schnaas, Jahrgang 1966, ist Chefreporter der WirtschaftsWoche. Der studierte Historiker und Buchautor beschäftigt sich immer wieder mit den Schnittstellen von Ökonomie, Soziologie und Philosophie und für dieses Buch mit Karl Marx, Werner Sombart, Joseph Schumpeter und Friedrich August von Hayek.

Der Herausgeber und die Autoren

Bildnachweis

Cover

Adam Smith	SZ Photo
Karl Marx	AKG-Images
David Ricardo	BridgemanArt.com
Paul Samuelson	DDP Images/AP/Daniel Lippitt
John M. Keynes	Corbis/Bettmann
Robert Shiller	Getty Images/Bloomberg News/Peter Foley
Joseph Schumpeter	Ullstein Bild/Roger Viollet/Albert H
Ludwig van Mises	Mises Institut, Auburn, Alabama, USA
Friedrich List	AKG Images
Amartya Sen	Agentur Focus/Oliver Mark
Milton Friedman	Getty Images/Bachrach
Friedrich A. von Hayek	AdsD/Josef H. Darchinger
Gary S. Becker	Corbis/Ralf-Finn Hestoft
Walter Eucken	Ullstein Bild
Richard Selten	Matthias Jung für WirtschaftsWoche

Innenteil

Robert Mundell	Interfoto/Fratelli Alinari
Amartya Sen	Agentur Focus/Oliver Mark
Friedrich List	AKG Images
Adam Smith	Picture-Alliance/DPA
Paul Samuelson	Corbis/Rick Friedman
Gary S. Becker	Corbis/Ralf-Finn Hestoft
Robert Solow	Corbis/Sygma/Ira Wyman
John M. Keynes	Corbis
Wernert Sombart	Ullstein Bild
Gustav Stolper	Ullstein Bild

David Ricardo	BridgemanArt.com
Karl Marx	BPK
Friedrich A. von Hayek	AdsD/Josef H. Darchinger
Reinhard Selten	Matthias Jung für WirtschaftsWoche
Walter Eucken	Walter Eucken Institut
Milton Friedman	Action Press/Zuma Press
Joseph Schumpeter	Harvard University Archives
Robert Shiller	Imago/Christian Thiel
Ludwig van Mises	Mises Institut, Auburn, Alabama, USA
Gustav Stolper	Ullstein Bild/Atelier Elite